书海蛟龙　业界麒麟

贺地基处理先行者叶书麟教授90寿辰
暨同济大学地质工程专业创建60周年

同济大学土木工程学院　编著

同济大学出版社
TONGJI UNIVERSITY PRESS

内容提要

叶书麟教授是我国岩土工程领域著名的地基处理和托换技术专家。值此叶书麟教授90寿辰之际，编委会著书以记录叶书麟教授学术和生活上的点滴，回忆叶书麟教授的卓越贡献，以表达崇敬之情，激励后辈奋进。

本书主要包含了叶书麟教授的生平与成果贡献展示、友人与弟子的寄语、师门弟子的介绍和多年的照片记忆四个部分。作为一本纪念文集浸透着浓厚的人文情怀和对叶书麟先生的崇敬之情。

图书在版编目(CIP)数据

书海蛟龙　业界麒麟：贺地基处理先行者叶书麟教授90寿辰暨同济大学地质工程专业创建60周年 / 同济大学土木工程学院编著. —上海：同济大学出版社，2018.10

ISBN 978-7-5608-8153-9

Ⅰ.①书…　Ⅱ.①同…　Ⅲ.①叶书麟—纪念文集　Ⅳ.①K826.16-53

中国版本图书馆CIP数据核字(2018)第213247号

书海蛟龙　业界麒麟——贺地基处理先行者叶书麟教授90寿辰暨同济大学地质工程专业创建60周年

同济大学土木工程学院　**编著**

责任编辑　高晓辉　　**助理编辑**　宋　立　　**责任校对**　徐春莲　　**封面设计**　陈益平

出版发行　同济大学出版社　　www.tongjipress.com.cn
　　　　　(上海市四平路1239号　邮编：200092　电话：021-65985622)
经　　销　全国各地新华书店
排　　版　南京新翰博图文制作有限公司
印　　刷　上海安兴汇东纸业有限公司
开　　本　787 mm×1 092 mm　1/16
印　　张　15
字　　数　300 000
版　　次　2018年10月第1版　　2018年10月第1次印刷
书　　号　ISBN 978-7-5608-8153-9

定　　价　88.00元

本书编辑委员会

序

叶书麟教授是我国岩土工程领域著名的地基处理和托换技术专家。值此叶书麟教授90寿辰之际，编委会以此书记录叶书麟教授学术和生活上的点滴，回忆叶书麟教授的卓越贡献，以表达崇敬之情，激励后辈奋进。

叶书麟教授1951年毕业于同济大学，同年留校任教，全身心投入教书育人中。在他四十余年的执教生涯里，他言传身教、以身作则，为我国的工程建设领域培养了众多栋梁之材，他们奋战在土木工程建设的各个领域，为实现伟大的中国梦作出重要贡献。

科学研究方面，叶书麟教授在地基处理领域开展了许多开创性的研究工作。他是我国最早一批开展复合地基研究的学者，他与他的学生在碎石桩、搅拌桩和树根桩复合地基的加固机理、承载性能、变形规律、固结特性等方面的研究取得了一系列创新成果，有不少成果已编入规范，应用于工程实践。

叶书麟教授著作等身，众多著作都被工程技术人员和学者视为经典，退休之后，仍花大量时间著书立说。其编著、主编、参编的代表作有：《地基处理》《基础工程学》《基础托换技术》《地基处理工程实例应用手册》《既有建筑地基基础加固工程实例应用手册》《土木建筑工程词典》等，译著有《基础工程手册》《岩土工程》《软粘(黏)土工程学》等。

叶书麟教授为人简朴、谦和，治学严谨，和他相处过的人，包括好友、同事、同窗、亲属和学生，无不为他的精神和品格所感染，值得青年一辈好好学习。本书由叶书麟教授的好友、同事、同窗、亲属和学生共同编撰，能让读者从多个角度认识这位九旬老教授，了解他的学习环境、生活态度、为人处世以及丰富多彩的人生历程。本书文辞切切、图文并茂，让我们从中汲取养分，不忘初心，砥砺前行。

这本贺文集浸透着浓厚的人文情怀和对叶书麟先生的崇敬之情，可读性很强。希望读者能够喜欢它，并能从中得到有益的启示。应约敬写了以上的一点文字，也借此机会表达我对叶书麟先生90大寿的祝福，祝愿叶书麟先生事事顺心、幸福长伴，是为序。

浙江大学教授
中国工程院院士
龚晓南
2018年5月25日

目　录

学生晚辈 / 052

同济同事 / 078

叶门桃李 / 117

师者风采

[叶书麟教授年表]

1928 年　出生于上海市。

1934 年　就读于上海市贞一小学。

1940 年　就读于上海市沪新中学初中。

1943 年　就读于上海市辅仁中学高中。

1946 年　考入同济大学土木系。

1949 年　响应党的号召,参加治理淮河工作一年。

1950 年　返回同济大学土木系继续就读。

1951 年　同济大学土木系结构专业毕业,统一分配留校任助教,辅导学生"钢筋混凝土结构"课程。

1952 年　全国院系调整,同济大学保留土木系。继续在同济大学结构工程系任教。

1953 年　随着教育事业发展,同济大学需新建南楼、北楼、青年楼、西北楼、西南楼、实验楼以及教职工和学生宿舍楼,调至本校校舍建设委员会从事设计工作。

1955 年　返回同济大学结构工程系继续任教。同年晋升讲师。

1956 年　加入中国共产党。

1957 年　派至清华大学土木系随德国专家进修钢筋混凝土结构一年。

1958 年　因国家提出发展农业水利,同济大学设立水工系,后改为勘测系、地下系。被调至地下系土力学基础工程教研室,任教"土力学"与"基础工程"课程。

1966 年　"文革"期间,去同济干校劳动锻炼一年。

1967 年　期间从事以下工程设计工作:"上海市杨树浦电厂 20 万立方米大型

沉井地下油库设计”“上海市焦化厂焦炉基础扩建设计”“上海市电化厂软土地基上四个800吨筒仓基础托换技术设计”。

1980年 晋升副教授。任中国土木工程学会土力学基础工程名词委员会委员。参编《土力学及基础工程名词》(汉英及英汉对照),中国建筑工业出版社出版。

1983年 任中国土木工程学会地基处理学术委员会副主任。参编《地基处理手册》,中国建筑工业出版社出版,获国家新闻出版署全国优秀科技图书二等奖。翻译《基础工程手册》(美),中国建筑工业出版社出版。

1984年 任同济大学工程结构理论研究所副所长。

1986年 翻译《岩土工程》(澳),中国建筑工业出版社出版。

1987年 晋升教授(1987年1月15日)。任同济大学地下建筑与工程系副系主任。

1988年 任同济大学函授学院副院长。编著《地基处理》,中国建筑工业出版社出版,获国家新闻出版署第三届全国优秀科普作品三等奖。担任以下工程设计工作:“上海市高桥炼油厂10万立方米油罐软土地基上碎石桩和排水塑料板加固设计”“浙江岱山发电厂软土地基上碎石桩加固设计”“上海市某商业楼搅拌桩复合地基筏板基础钻孔射水掏土法纠倾”。

1990年 主编《基础工程学》,中国建筑工业出版社出版,获国家新闻出版署全国优秀科技图书一等奖。

1991年 主编《基础托换技术》,中国铁道出版社出版。翻译《软粘(黏)土工程学》(美),中国铁道出版社出版。任上海市建设委员会科学技术委员会委员(1991年12月—1996年6月二期)。

1992年 获国务院政府特殊津贴(1992年10月)。参编的《建筑地基处理技术规范》(JGJ 79—1991),中国建筑工业出版社出版,获建设部一等奖,次年又获国家科学技术委员会三等奖。

1993年 被评为同济大学、上海市教卫系统优秀共产党员(1993年6月)。同年退休。

1994 年　主编上海市标准《地基处理技术规范》(DBJ 08-40—94),上海市建设委员会标准化办公室颁发,获上海市工程建设优秀标准二等奖。任上海市土木工程学会理事、上海市土木工程学会地基基础学术委员会副主任。

1997 年　主编高等学校建筑工程专业系列教材《地基处理》,中国建筑工业出版社出版,获高校优秀教材二等奖。

1998 年　主编《地基处理工程实例应用手册》,中国建筑工业出版社出版。参编上海市工程建设规范《地基基础设计规范》(DGJ 08-11—1999)。

2000 年　参编中华人民共和国行业标准《既有建筑地基基础加固技术规范》(JGJ 123—2000),中国建筑工业出版社出版。任中国土木工程学会第三届地基处理学术委员会顾问。

2002 年　任上海国际赛车场土方工程专家委员会委员。主编《既有建筑地基基础加固工程实例应用手册》,中国建筑工业出版社出版。

书 海 蛟 龙

主编书籍

地基处理(第一版),1988

该书是我国第一本“地基处理”的专著,曾获国家新闻出版署第三届全国优秀科普作品三等奖和同济大学教材研究二等奖。该书出版后迅速被多个高等学校选为教材,也成为工程师们的重要参考书。全书介绍了当时国内外地基处理的最新技术:换填垫层法、深层密实法、排水固结法、化学加固法、土的加筋和复合地基加固等。使读者能清楚地了解地基处理的各种方法、分类、加固机理、设计、施工及适用范围,同时还掌握地基处理后质量检验的各种手段。

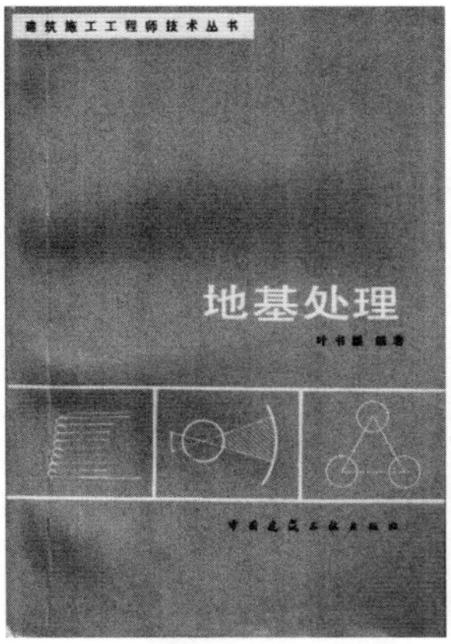

地基处理(第一版)
叶书麟　编著
中国建筑工业出版社,1988 年

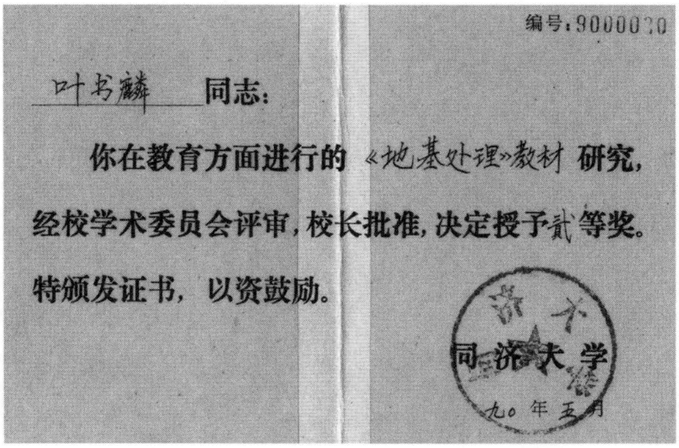

编号:9000030

叶书麟 同志:

你在教育方面进行的《地基处理》教材 研究,经校学术委员会评审,校长批准,决定授予贰等奖。特颁发证书,以资鼓励。

同济大学
九〇年五月

叶书麟先生获同济大学教育研究教学改革优秀成果奖二等奖(1990 年 5 月)

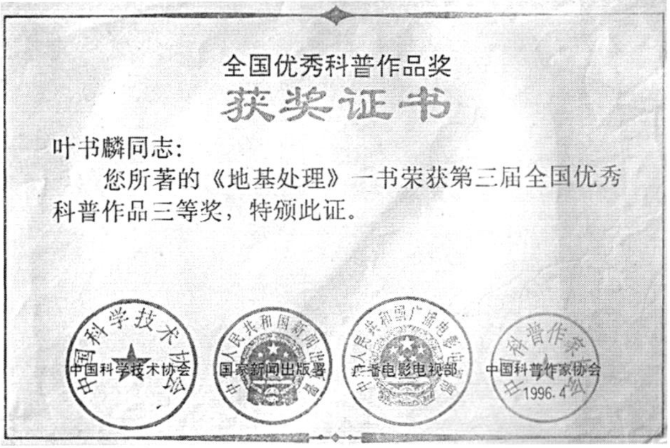
全国优秀科普作品奖

获奖证书

叶书麟同志:

您所著的《地基处理》一书荣获第三届全国优秀科普作品三等奖，特颁此证。

中国科学技术协会　国家新闻出版署　广播电影电视部　中国科普作家协会

1996.4

地基处理与托换技术,1994(2005)

该书曾获建设部第三届全国优秀建筑科技图书部级奖二等奖。是在《地基处理》(1988 版)基础上的再编写,在原有内容上增加了托换技术的内容。另外对《地基处理》(1988 版)的内容进行了补充和加深。增加的内容有粉煤灰垫层、强夯置换、干振机密碎石桩、水泥粉煤灰碎石桩(Cement Fly-ash Gravel, CFG 桩)、真空预压、土钉技术;另外增加了“复合地基理论”和“托换技术”两章。此书理论性与实践性并重,在每章末都附有各种地基处理方法所适用土质条件的典型工程实例。

地基处理与托换技术(第二版)
叶书麟,韩杰,叶观宝　编著
中国建筑工业出版社,1994 年

地基处理与托换技术(第三版)
叶书麟,叶观宝　编著
中国建筑工业出版社,2005 年

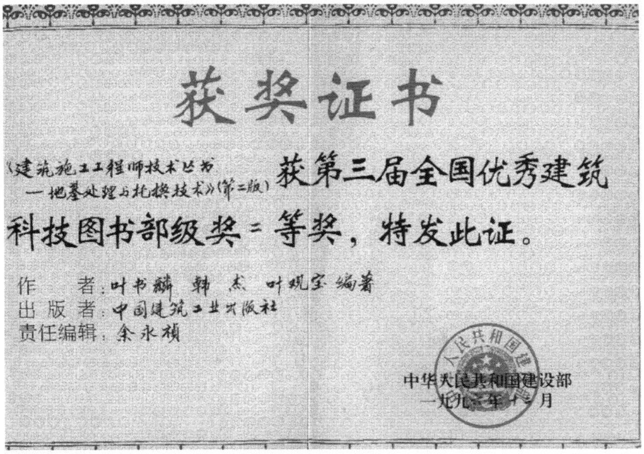

获奖证书

《建筑施工工程师技术丛书——地基处理与托换技术》(第二版)获第三届全国优秀建筑科技图书部级奖二等奖，特发此证。

作　者：叶书麟　韩杰　叶观宝　编著
出版者：中国建筑工业出版社
责任编辑：余永祯

中华人民共和国建设部
一九九六年十二月

地基处理，1997(2004，2009)

本套《地基处理》教材，由叶书麟与叶观宝改编自1988年的《地基处理》。原1998年《地基处理》在第二版再版时改名为《地基处理与托换技术》。本书详细介绍了国内外各种地基处理技术的概念、加固机理、设计计算、施工工艺和质量检验等内容。这些地基处理方法包括：砂(或砂石、碎石)垫层、粉煤灰垫层、矿渣垫层、素土(或灰土)垫层、加筋垫层及聚苯乙烯板块等、强夯、碎(砂)石桩、石灰桩、土(或灰土、双灰)桩、水泥粉煤灰碎石桩、堆载预压、真空预压、灌浆、水泥土搅拌桩、高压喷射注浆、加筋土、土工合成材料、树根桩等。书中还对复合地基的理论和设计进行了系统地阐述。并附有各种地基处理方法的典型实例。

该书曾获1999年上海普通高校优秀教材三等奖。我国很多大专院校将其作为必修课、选修课或者研究生教材，也作为科研人员的培训教材。后来又经历多次再编，以适应国家最新规范，新增或加深部分内容，如新增冲击碾压法、长螺旋钻孔管内泵压成桩法、降水联合低能量强夯法；并新增了一些地基处理方法的设计计算方法的介绍，如强夯置换法设计、排水预压法设计、加筋土挡墙设计和复合地基理论和设计等。

地基处理(第一版)
叶书麟,叶观宝　编
中国建筑工业出版社,
1997 年

地基处理(第二版)
叶书麟,叶观宝　编
中国建筑工业出版社,
2004 年

地基处理(第三版)
叶观宝,高彦斌　编;
叶书麟　主审
中国建筑工业出版社,2009 年

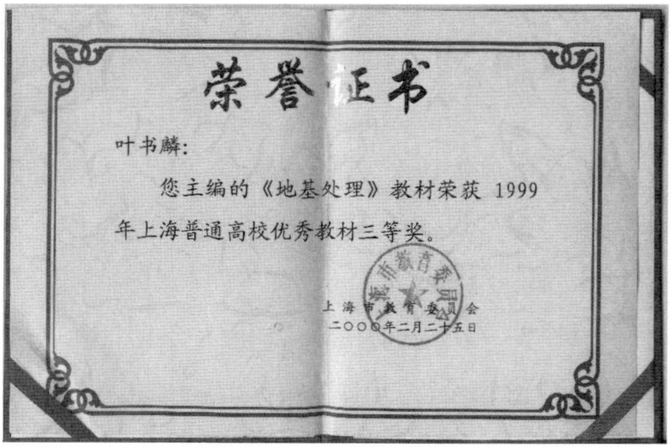
荣誉证书

叶书麟:

您主编的《地基处理》教材荣获 1999 年上海普通高校优秀教材三等奖。

上海市教育委员会
二〇〇〇年二月二十五日

基础工程学,1988

《基础工程学》于 1990 年 10 月获全国优秀科技图书一等奖。

本书由清华大学陈仲颐和同济大学叶书麟两位教授主编。系统地叙述了基础工程学的主要内容,包括土的工程性质、场地与地基勘察、天然地基土的基础设计、箱形基础、桩基础、基坑开挖与降水、地下连续墙、锚杆技术、特殊土地基、托换技术、地基抗震和地基处理。本书重点反映了目前我国基础工程的理论与实践水平，同时也介绍了国外的先进理论与经验，是一本有使用价值的参考资料。书中各章均附有工程实例、习题、计算例题和思考题作为参考，对高等院校的本科生和研究生都是一本非常有益的教材。

基础工程学
陈仲颐，叶书麟 主编
中国建筑工业出版社，1988 年

叶书麟先生主编《基础工程学》获全国优秀科技图书一等奖（1990. 10）

基础托换技术，1991

托换技术或称基础托换是解决对原有建筑物的地基需要处理和基础需要加固的问题，以及对原有建筑物基础下需要修建地下工程或因邻近建造新工程而影响到原有建筑物的安全等问题的技术总称。基础托换技术主要有：基础加宽托换、坑（墩）式托换、桩式托换、灌浆托换、纠偏托换以及其他的托换方式。本书介绍了软弱地基工程特征及其对建筑物的危害，并系统地阐明国内外各种托换方法的原理、设计、施工和检测；列出工程实例及其病因分析、方案选择与托换效果。

基础托换技术——既有建筑物地基基础加固
叶书麟，汪益基，徐光祉，程鸿鑫 编著
中国铁道出版社，1991 年

地基处理工程实例应用手册,1998

本手册比较系统地介绍了各种地基处理方法,包括换填、强夯、振冲及干振碎石桩、振动沉管碎石桩、水泥粉煤灰碎石桩、石灰桩、土桩及灰土桩、预压、注浆、高压喷射注浆、深层搅拌、粉体喷射搅拌、加筋土、土工合成材料、土层锚杆、土钉、锚定板、锚杆静压桩、树根桩共十九种地基处理方法。各章列举的工程实例,都是该种地基处理方法在各种地质条件下,在各种有代表性的典型工程中的应用实例。同时也介绍了国外的先进经验。

地基处理工程实例
叶书麟　主编
中国建筑工业出版社,1998 年

既有建筑地基基础加固工程
实例应用手册
张永钧,叶书麟　主编
中国建筑工业出版社,2002 年

既有建筑地基基础加固工程实例应用手册,2002

本手册是国家行业标准《既有建筑地基基础加固技术规范》(JGJ 123—2000)的配套工具书。全书共分八章:概论、既有建筑地基基础的鉴定和地基计算、既有建筑地基事故的补救、既有建筑地基基础加固方法、既有建筑增层、既有建筑迫降纠倾、既有建筑顶升纠倾、既有建筑移位等内容。本手册除全面介绍了既有建筑地基基础的鉴定、计算及各种加固方法的适用范围、设计计算、施工工艺和质量检验等内容,还编入了在各种地质条件下、各种有代表性建筑的大量典型工程实例。同时也介绍了国外的先进经验和理论。《既有建筑地基基础加固工程实例应用手册》适用于从事于勘察、设计、施工、监理等工程技术人员，高等院校有关专业师生。

参编书籍

土力学及基础工程名词(汉英及英汉对照)，1983

本书分为汉英及英汉对照两部分，选词范围包括土质勘察、现场工程测试、土的固结与沉降、土的强度与本构关系、土压力、土坡稳定、浅基础、深基础和桩基础、地基处理、土动力学和机器基础、特殊土类、土工织物、环境岩土工程、工程结构物以及基础的施工方法与设备等方面。

土力学及基础工程名词（汉英及英汉对照）
中国土木工程学会，土力学及基础工程学会
中国建筑工业出版社，1983 年

地基处理手册，1988(2000，2008)

该书对地基处理的实际工程有很好的指导作用，曾获国家新闻出版广电总局全国优秀科技图书二等奖。

本书系统、全面地介绍了在我国土木工程建设中应用的各种地基处理方法的加固原理、适用范围、设计计算方法、施工工艺和质量检测，共有十八章，包括总论,复合地基理论概要,换填法,排水固结法,土桩、灰土桩击密法,沉管挤密碎石桩法,振冲法,强夯法和强夯置换法,灌浆法,高压喷射注浆技术,水泥土挤密法,石灰桩法,低强度桩复合地基技术,冻结法,锚固法,土的加筋法,特殊土地基处理概论,托换技术和纠倾技术。并列举了典型工程中的应用实例,同时也介绍了国外的先进经验。由叶书麟教授单独编写“托换技术和纠倾技术”的章节。

地基处理手册(第一版)
《地基处理手册》编写委员会
中国建筑工业出版社,1988 年

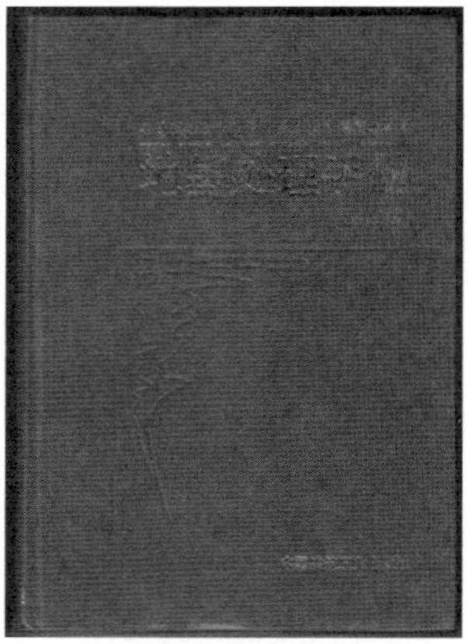

地基处理手册(第二版)
龚晓南　主编
中国建筑工业出版社,2000 年

地基处理手册(第三版)
龚晓南　主编
中国建筑工业出版社,2008 年

土木建筑工程词典
李国豪　主编
上海辞书出版社,1991 年

土木建筑工程词典,1991

本词典是一部系统介绍土木建筑科学技术的专业辞书。以一般土木建筑工作者和土木建筑院校师生为主要读者对象。收集了包括中国建筑历史、外国建筑历史、建筑和建筑设计、建筑构造、建筑结构、建筑施工、建筑物理、建筑设备、铁路工程、道路和交通工程、桥梁工程、地下建筑、城市规划、给水排水工程、土力学和基础工程、建筑材料、建筑机械和筑路机械、工程测量等学科中基本的、重要的、常见的名词术语,以及土木建筑工程有关的名词术语 9 120 条,并给予详尽的解释。所选取的词目,力求反映新的土木建筑科学技术并提供有关资料,以便读者参考查阅。

地基加固新技术
叶观宝,叶书麟　编著
机械工业出版社,1999 年

地基加固新技术,1999

本书结合《建筑基础处理技术规范》(JGJ 79—91)的技术要求,详细介绍了国内外地基加固的新技术,如砂(或砂石、碎石)垫层、素土(或灰土、二灰)垫层、粉煤灰垫层、干渣垫层、强夯、碎(砂)石桩、石灰桩、土(或灰土、双灰)桩、水泥粉煤灰碎石桩、堆载预压、真空预压、灌浆、水泥土搅拌桩、高压喷射注浆、加筋土挡墙、土工合成材料和土钉墙等技术,并阐明以上各种地基加固方法的加固机理、设计计算、施工工艺和质量检验等内容。

译　著

软粘(黏)土工程学,1991

本书是第一部详尽和系统地论述软黏土工程的专著,全书各章分别由从事该章所论述的软黏土中某一专题的国际公认的权威执笔，总共有 11 个国家的 21 位作者。中文版由叶书麟和宰金璋于 1991 年翻译出版，全书共分为十一章，主要内容有：软黏土工程的发展历史，软黏土工程地质，勘探取样和原位试验，剪应力—应变特性，分析软黏土工程问题的现代方法，软黏土上的基础，固结和沉降。挖方和隧道设计，地基加固，野外测试，地震等。

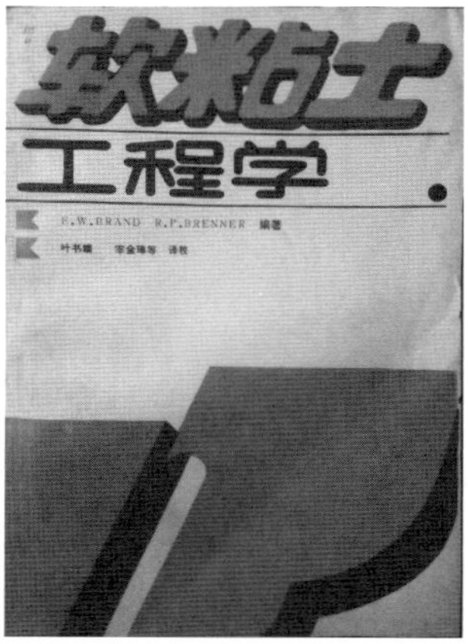

软粘(黏)土工程学
E. W. Brand, P. R. Brener　编著
叶书麟，宰金璋　译校
中国铁道出版社，1991 年

基础工程手册
H. F. 温特科恩，方晓阳　主编
钱鸿缙，叶书麟　等　译校
中国建筑工业出版社，1983 年

基础工程手册，1983

全书系统全面地叙述了地基基础的勘察、设计、施工以及土力学的基本理论，内容丰富，由 7 个国家的 27 位知名专家、学者编著，本书由 H. F. 温特科恩和方晓阳主编，钱鸿缙和叶书麟等翻译。全书共二十三章，主要内容有地基勘察，土质学和土的工程特性，浅基础的承载力，应力分布和沉降，侧土压力，排水和降水，压实填土，土的加固，灌浆，土坡稳定，滑坡，挡土墙，板桩，格形结构物和支撑开挖，扩展式基础，联合基础和特殊基础，片筏基础，浮基础，桩基础，钻孔墩，气压沉箱，托换工程，埋入式结构等。

岩土工程,1986

本书中文版由俞调梅、叶书麟、曹名葆等译校,系统地介绍土力学与基础工程在理论与实践方面的新发展。全书分九章:土的形成,分类和勘察,土的变异性,强度与变形,土体中的水流,沉降与固结,挡土结构物,边坡稳定,基础以及地基处理等。书中有大量习题,并附有英汉和汉英专业名词索引。

岩土工程
俞调梅,叶书麟,曹名葆 等 译校
中国建筑工业出版社,1986 年

主编、参编规范

《地基处理技术规范》DBJ08-40—94

本规范共分十三章和三个附录,规范内容反映了上海地区多年来在建筑工程和市政工程的地基处理上设计、施工和科研的实践经验,在换填土中明确高炉干渣和粉煤灰可作为换填材料;预压法中增加了真空预压法内容;振冲法和砂石桩法合并成碎(砂)石桩法;将深层搅拌法和水泥粉体搅拌法合并成水泥土搅拌法；树根桩和锚杆静压桩独立成章。规范首次将注浆法、沉降控制复合桩基、土层锚杆及附录二的室内水泥土抗压强度试验方法列入规范章节中，体现了上海地方规范的特色。适用于上海市建筑工程和市政工程的地基处理的设计、施工及其质量检验。

《地基基础设计规范》DGJ08-11—1999

该规范共分十四章、八个附录和四个附图，调查总结近十年来上海地区的工程实践经验和科研成果，对原89版的规范作了较大的修改、补充和增加。增加了工程勘察要点、基坑支护结构设计计算、地基处理设计要点和基础工程施工要点等各章内容。适用于上海市建筑工程和市政工程的地基基础设计。

《既有建筑地基基础加固技术规范》JGJ 123—2000

本规范共分九章和一个附录，主要技术内容是：总则、符号、基本规定、地基基础的鉴定、地基计算、地基基础的加固方法、地基基础事故的补救与预防、增层改造、纠倾加固和移位等。适用于既有建筑因勘察、设计、施工或使用不当；增加荷载、纠倾、位移、改建、古建筑保护；遭受邻近新建建筑、深基坑开挖、新建地下工程或自然灾害的影响等而需对其地基和基础进行加固设计和施工。

《建筑地基处理技术规范》(JGJ 79—91)

本规范共分十一章和两个附录，是根据我国的土质条件、加固材料、工艺特点，在充分消化和吸收国外软弱地基加固新工艺的基础上，制定的包含九大类近二十种成熟的地基新方法的地基处理技术规范。主要技术内容：总则、基本规定、换填法、预压法、强夯法、振冲法、土或灰土挤密桩法、砂石桩法、深层搅拌法、高压旋喷注浆法和托换法等。适用于工业与民用建筑（包括构筑物）地基处理的设计和施工。

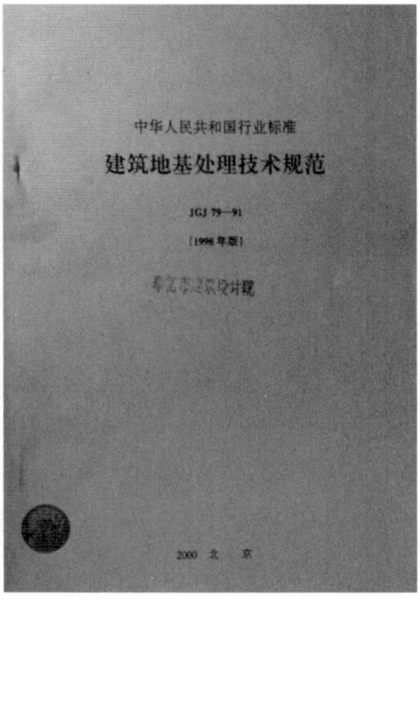

为表彰荣获建设部一九九二年科学技术进步奖，特颁发此证书，以资鼓励。

奖励日期：一九九二年九月四日

证书号：92-1-0304

获奖项目：建筑地基处理技术规范

获奖等级：一等

叶书麟先生建筑地基处理技术规范项目获建设部科学技术进步奖(1992.9.4)

为表彰在促进科学技术进步工作中做出重大贡献，特颁发此证书，以资鼓励。

奖励日期：一九九三年十二月

证书号：建-3-006-04

获奖项目：建筑地基处理技术规范

获奖者：叶书麟

奖励等级：三等

叶书麟先生《建筑地基处理技术规范》项目获国家科技进步三等奖荣誉证书与奖章(1993.12)

业 界 麒 麟

叶书麟教授任中国深基础工程协会荣誉理事(1991 年 5 月)

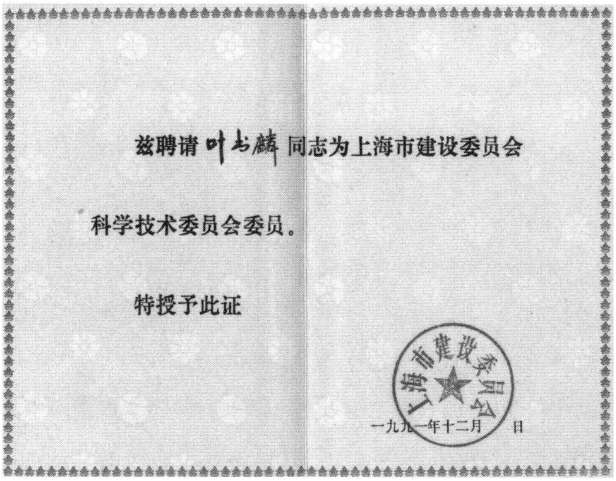

叶书麟教授任上海市建设委员会科学技术委员会委员
(1991 年 12 月)

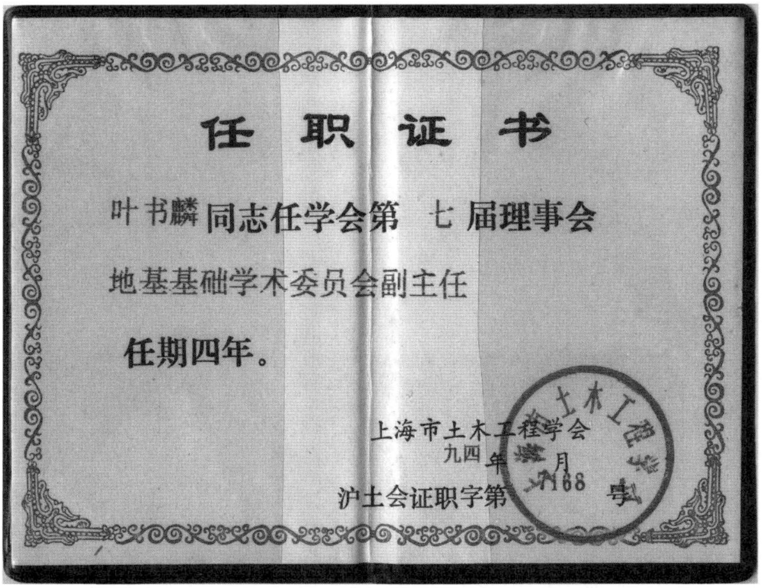

任职证书

叶书麟同志任学会第 七 届理事会

地基基础学术委员会副主任

任期四年。

上海市土木工程学会

九四 年 月

沪土会证职字第 168 号

叶书麟教授任上海市土木工程学会第七届理事会
地基基础学术委员会副主任(1994 年 6 月)

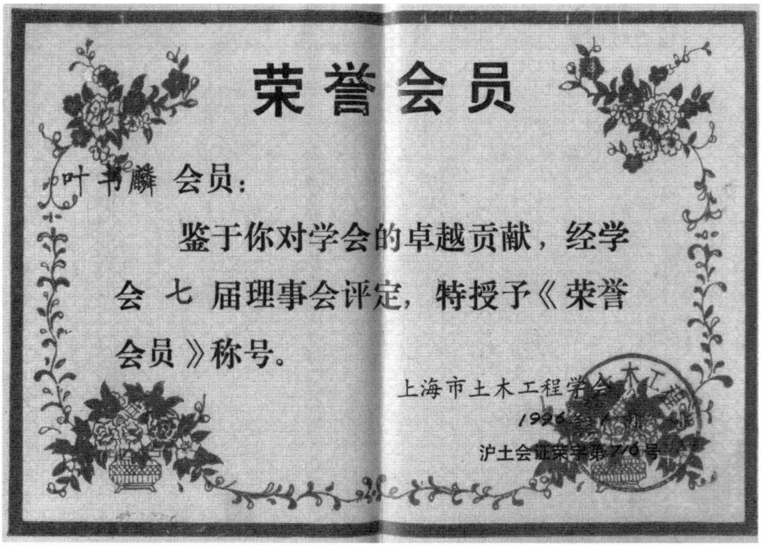

荣誉会员

叶书麟 会员：

鉴于你对学会的卓越贡献，经学会 七 届理事会评定，特授予《荣誉会员》称号。

上海市土木工程学会

沪土会证荣字第 号

叶书麟教授获上海市土木工程学会荣誉会员(1996 年 1 月)

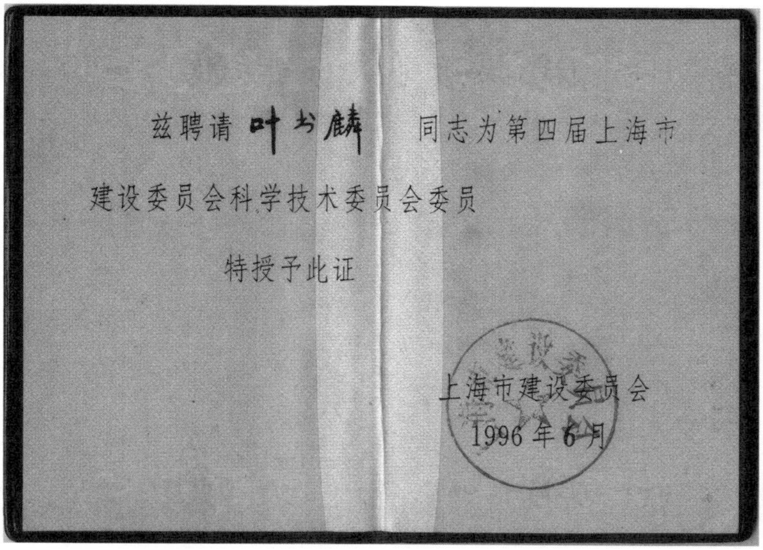

叶书麟教授任第四届上海市建设委员会科学技术委员会委员(1996 年 6 月)

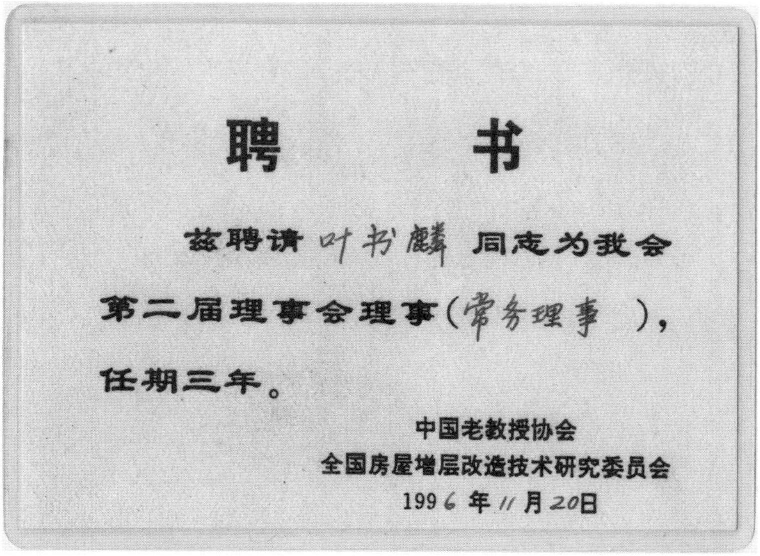

叶书麟教授任全国房屋增层改造技术研究委员会常务理事(1996 年 11 月 20 日)

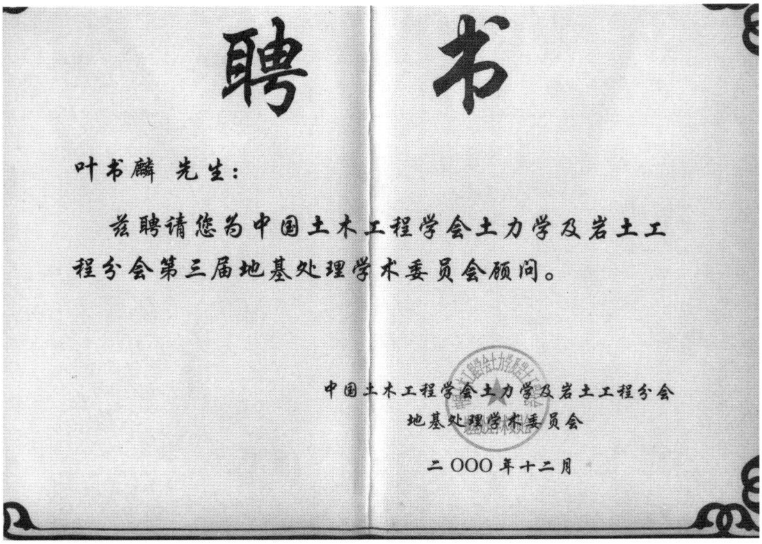
聘书

叶书麟 先生：

兹聘请您为中国土木工程学会土力学及岩土工程分会第三届地基处理学术委员会顾问。

中国土木工程学会土力学及岩土工程分会
地基处理学术委员会

二〇〇〇年十二月

叶书麟教授任中国土木工程学会土力学及岩土工程分会第三届地基处理学术委员会顾问(2000 年 12 月)

聘书

兹聘任叶书麟先生为上海国际赛车场土方工程专家委员会委员

上海国际赛车场有限公司
二〇〇二年九月二十三日

叶书麟教授任上海国际赛车场土方工程专家委员会委员(2002 年 9 月 23 日)

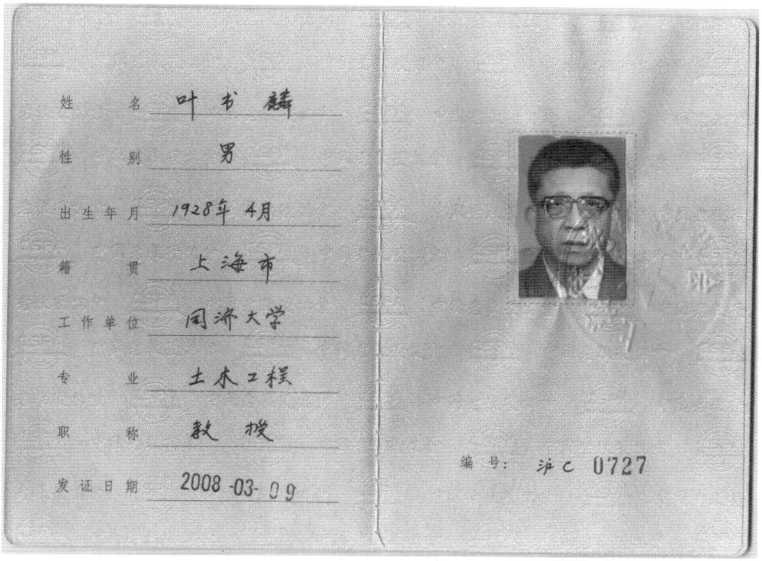

叶书麟教授任中国老教授协会会员(2008 年 3 月 9 日)

叶书麟教授任中国地质大学兼职教授(1996 年 1 月 3 日)

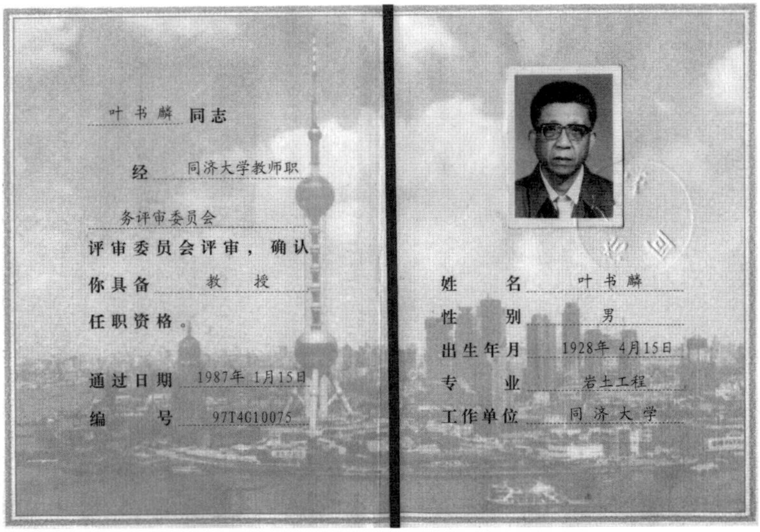

叶书麟教授获高级专业技术职务资格证书(1987 年 1 月 15 日)

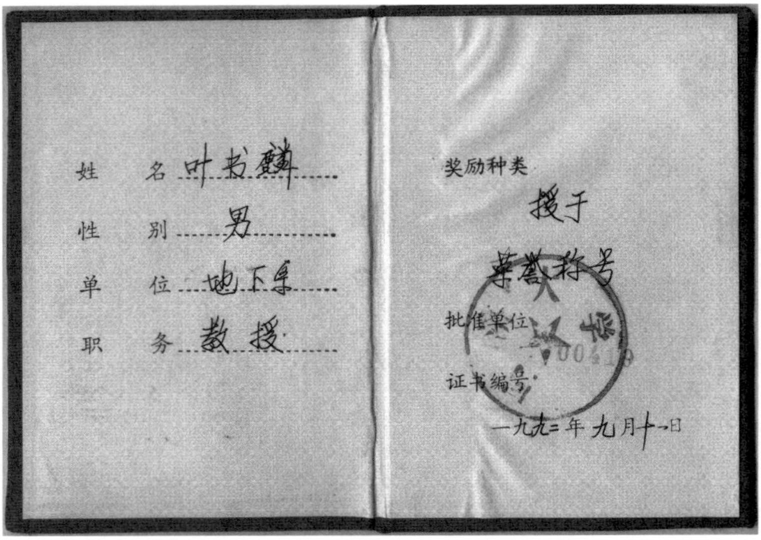

叶书麟教授获上海市人事局颁发的荣誉称号(1992 年 9 月 11 日)

春华秋实

叶书麟教授被准予享受中华人民共和国国务院政府特殊津贴（1992 年 10 月 1 日）

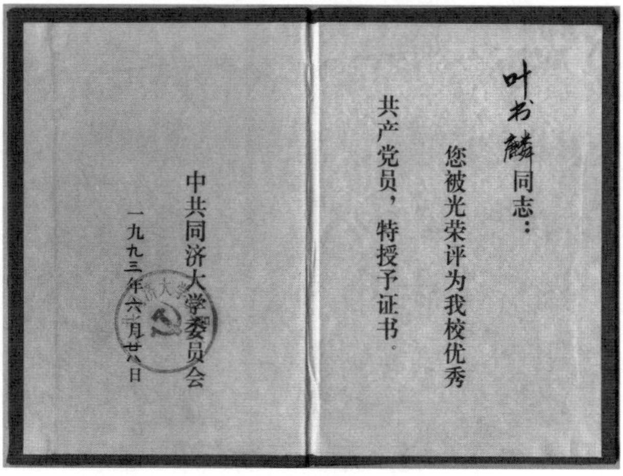

叶书麟教授被评为同济大学优秀共产党员（1993 年 6 月）

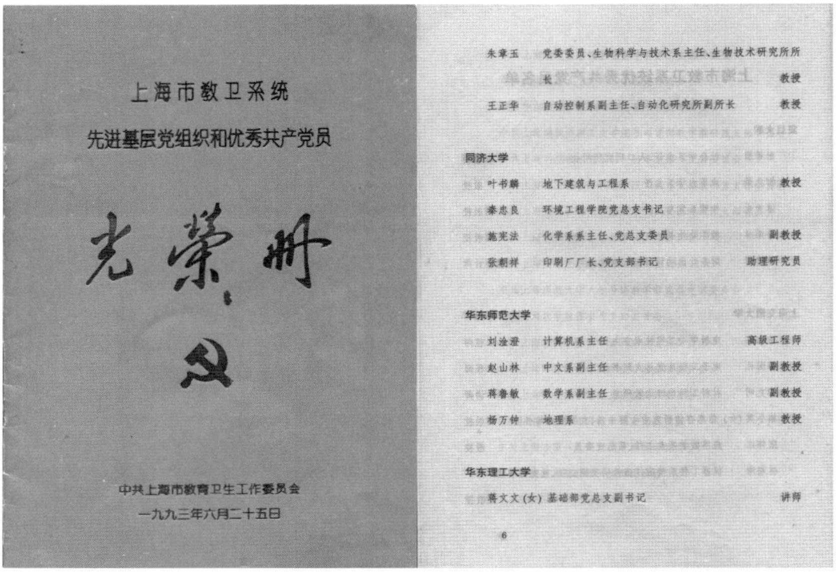

上海市教卫系统
先进基层党组织和优秀共产党员

光榮册

中共上海市教育卫生工作委员会
一九九三年六月二十五日

朱章玉	党委委员、生物科学与技术系主任、生物技术研究所所长	教授
王正华	自动控制系副主任、自动化研究所副所长	教授
同济大学		
叶书麟	地下建筑与工程系	教授
秦忠良	环境工程学院党总支书记	
施宪法	化学系系主任、党总支委员	副教授
张朝祥	印刷厂厂长、党支部书记	助理研究员
华东师范大学		
刘淦澄	计算机系主任	高级工程师
赵山林	中文系副主任	副教授
蒋鲁敏	数学系副主任	副教授
杨万钟	地理系	教授
华东理工大学		
蒋文文（女）	基础部党总支副书记	讲师

6

叶书麟教授被授予上海市教卫系统优秀共产党员荣誉（1993 年 6 月 25 日）

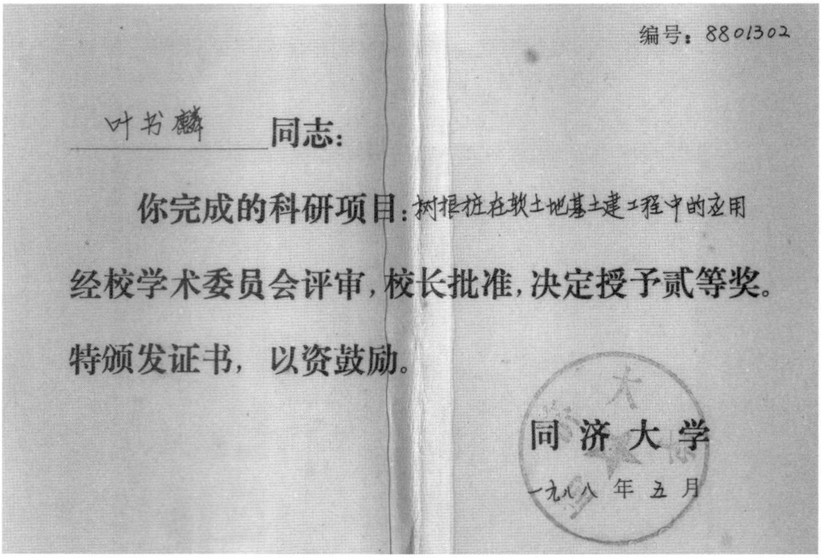

编号：8801302

叶书麟同志：

你完成的科研项目：树根桩在软土地基土建工程中的应用

经校学术委员会评审，校长批准，决定授予贰等奖。

特颁发证书，以资鼓励。

同济大学
一九八八年五月

叶书麟教授获同济大学科研成果奖二等奖
（1988 年 5 月）

叶书麟教授“地基处理”授课讲义手稿节选

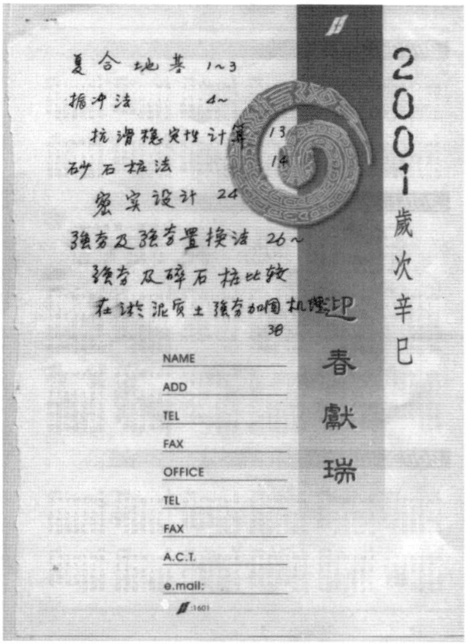
复合地基 1~3
振冲法 4~
抗滑稳定性计算 13
砂石桩法 14
密实设计 24
强夯及强夯置换法 26~
强夯及碎石桩比较
在淤泥质土强夯加固机理 38

2001 岁次辛巳
迎春献瑞

NAME
ADD
TEL
FAX
OFFICE
TEL
FAX
A.C.T.
e.mail:

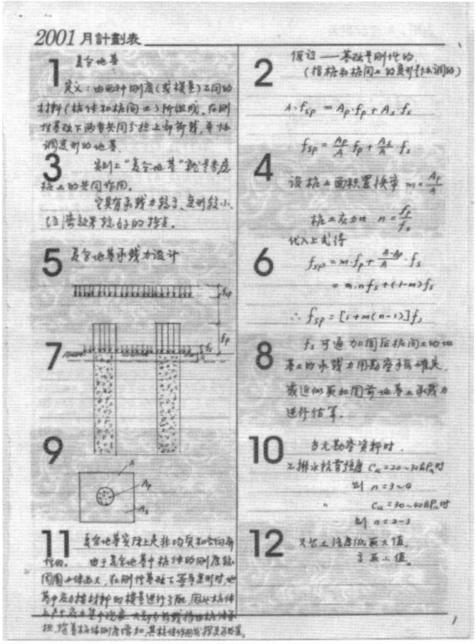

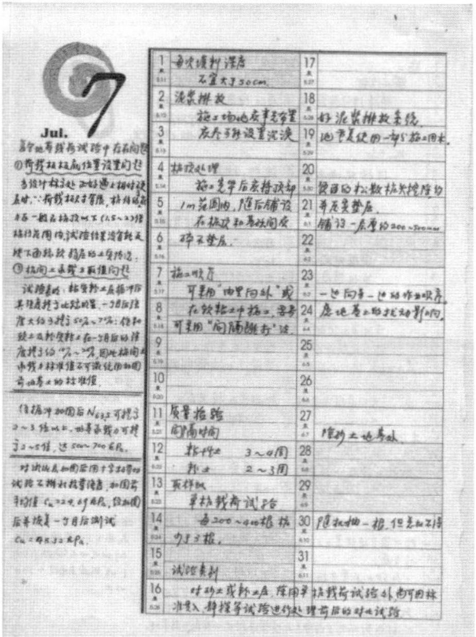

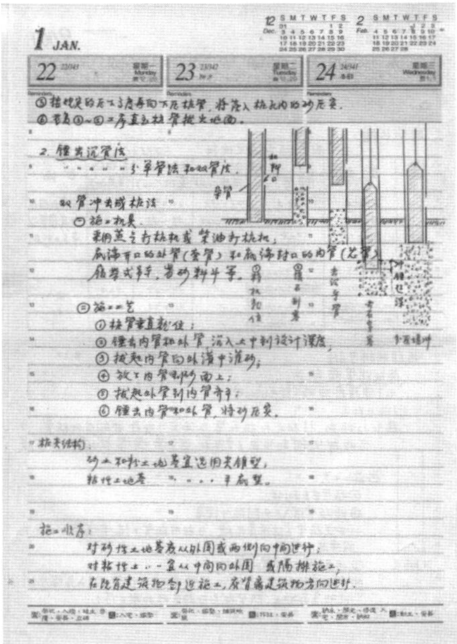

叶书麟教授著述、成果目录

序号	发表年份	题目	发表简况	作者(编者)	备　注
1	1983	《基础工程手册》	中国建筑工业出版社	H. F. 温特科恩(美)、方晓阳	钱鸿缙、叶书麟等译校
2	1983	树根桩探索试验	建筑结构，第46—48页，1983年05期	叶书麟、杨伟方、周申一、杨永浩	
3	1986	软粘(黏)土地基上大型筒仓基础托换加固	工业建筑，第57—60页，1986年06期	王留清、叶书麟	
4	1987	《岩土工程》	中国建筑工业出版社	I. K. Lee, W. White, O. G. Ingles(澳)	俞调梅、叶书麟、曹保茗等译校
5	1987	基础托换技术(一)	铁道建筑，第28—27页，1987年04期	叶书麟	
6	1987	基础托换技术(二)	铁道建筑，第20—21页，1987年05期	叶书麟	
7	1987	基础托换技术(三)	铁道建筑，第17—19页，1987年06期	叶书麟	
8	1988	《土力学及基础工程名词》(汉英及英汉对照)	中国建筑工业出版社	中国土木工程学会，土力学及基础工程学会	参与编著
9	1988	《地基处理》(第一版)	中国建筑工业出版社	叶书麟	主编，获国家新闻出版署第三届全国优秀科普作品三等奖、同济大学教材研究二等奖
10	1988	《地基处理手册》(第一版)	中国建筑工业出版社	《地基处理手册》编写委员会	参编，获国家新闻出版署全国优秀科技图书二等奖

（续表）

序号	发表年份	题目	发表简况	作者（编者）	备　注
11	1988	《基础工程学》	中国建筑工业出版社	陈仲颐、叶书麟	主编，获国家新闻出版署全国优秀科技图书一等奖
12	1989	碎石桩加固软土地基的机理分析	港口工程，第6—14页，1989年06期	韩杰、叶书麟	
13	1990	碎石桩加固沿海软土的试验研究	工程勘察，第1—6页，1990年05期	韩杰、叶书麟、曾志贤	
14	1991	《基础托换技术：既有建筑物地基基础加固》	中国铁道出版社	叶书麟、汪益基、徐光祉、程鸿鑫	主编
15	1991	《土木建筑工程词典》	上海辞书出版社	李国豪	参编
16	1991	《软粘（黏）土工程学》	中国建筑工业出版社	Brand, E. W, Brenner, R. P（美）	翻译，叶书麟、宰金璋等译校
17	1992	中华人民共和国行业标准《建筑地基处理技术规范》（JGJ 79—91）	中国计划出版社	中国建筑科学研究院	参编，获建设部1992科学技术进步一等奖、1993年国家科学技术进步三等奖
18	1992	小桩设计水平综述	建筑结构，第26—29页，1992年03期	周洪涛、叶书麟	
19	1992	小直径钻孔灌注桩作用机理研究	工业建筑，第36—40页，1992年08期	周洪涛、叶书麟	
20	1992	复合地基概论	工程勘察，第1—5页，1992年06期	韩杰、叶书麟	
21	1992	碎石桩加固油罐地基试验研究	岩土工程学报，第50—59页，1992年06期	叶书麟、韩杰、闵泉欣、高恒松	
22	1992	碎石桩复合地基的有限元分析	岩土工程学报，第13—19页，1992年S1期	韩杰、叶书麟	
23	1992	托换技术综述	中国土木工程学会土力学及基础工程学会地基处理学术委员会第三届地基处理学术讨论会论文集	叶书麟、韩杰	

(续表)

序号	发表年份	题目	发表简况	作者(编者)	备注
24	1992	DJM 法加固软土地基的现场试验研究	中国土木工程学会土力学及基础工程学会地基处理学术委员会第三届地基处理学术讨论会论文集	林彤、叶书麟、王仁兴	
25	1992	深层搅拌桩桩身荷载传递量测与分析	中国土木工程学会土力学及基础工程学会地基处理学术委员会第三届地基处理学术讨论会论文集	叶观宝、叶书麟、章关福、黄志群	
26	1992	考虑井阻和涂抹作用碎石桩复合地基固结度计算	中国土木工程学会土力学及基础工程学会地基处理学术委员会第三届地基处理学术讨论会论文集	韩杰、叶书麟	
27	1993	复合地基应力特性分析	工程勘察，第 1—5 页，1993 年 05 期	韩杰、叶书麟	
28	1993	碎石桩复合地基应力及孔隙水压力的原位观测分析	岩土工程学报，第 40—47 页，1993 年 05 期	韩杰、叶书麟、张德松	
29	1994	《地基处理与托换技术》(第二版)	中国建筑工业出版社	叶书麟、韩杰、叶观宝	主编，获中华人民共和国建设部第三届全国优秀建筑科技图书二等奖
30	1994	《中国土木工程学会第七届土力学及基础工程学术会议论文集》	中国建筑工业出版社		主编
31	1994	上海市标准《地基处理技术规范》(DBJ 08-40—94)(上海市地方标准)	上海市建设委员会标准化办公室出版	同济大学	主编，获上海市工程建设优秀标准二等奖
32	1994	地基处理技术在环境工程中的应用	施工技术，1994 年 09 期	韩杰、叶书麟	

（续表）

序号	发表年份	题目	发表简况	作者（编者）	备　注
33	1994	树根桩在托换基础中加固机理的研究	海峡两岸土力学及基础工程地工技术学术研讨会论文集	叶书麟、张捷	
34	1994	地基处理	中国土木工程学会第七届土力学及基础工程学术会议论文集	叶书麟、罗宇生	
35	1994	水泥土桩复合地基的固结特性分析	中国土木工程学会第七届土力学及基础工程学术会议论文集	张捷、韩杰、叶书麟	
36	1994	树根桩托换基础试验研究	中国土木工程学会第七届土力学及基础工程学术会议论文集	叶书麟、韩杰、杨卫东、张捷	
37	1995	水泥土搅拌桩加固软基的试验研究	同济大学学报（自然科学版），1995 年 03 期	叶观宝、叶书麟	
38	1995	双层地基的应力与变形分析	中国土木工程学会土力学及基础工程学会地基处理学术委员会第四届地基处理学术讨论会论文集	张捷、叶书麟、叶观宝	
39	1997	《地基处理》教材（第一版）	中国建筑工业出版社	叶书麟、叶观宝	主编，获 1999 年上海普通高校优秀教材三等奖
40	1998	《地基处理工程实例应用手册》	中国建筑工业出版社	叶书麟	主编
41	1999	《地基加固新技术》	机械工业出版社	高大钊	参编
42	1999	上海市工程建设规范《地基基础设计规范》（DGJ 08-11—1999）	上海市建设委员会标准化办公室出版	上海现代建筑设计（集团）有限公司	参编
43	2000	中华人民共和国行业标准《既有建筑地基基础加固技术规范》（JGJ 123—2000）	中国建筑工业出版社	中国建筑科学研究院	参编
44	2000	《地基处理手册》（第二版）	中国建筑工业出版社	龚晓南	参编

(续表)

序号	发表年份	题目	发表简况	作者(编者)	备　注
45	2002	《既有建筑地基基础加固工程实例应用手册》	中国建筑工业出版社	张永钧、叶书麟	主编
46	2004	《地基处理》教材(第二版)	中国建筑工业出版社	叶书麟、叶观宝	主编
47	2005	《地基处理与托换技术》(第三版)	中国建筑工业出版社	叶书麟、叶观宝	主编
48	2008	《地基处理手册》(第三版)	中国建筑工业出版社	龚晓南	参编
49	2009	《地基处理》教材(第三版)	中国建筑工业出版社	叶观宝、叶书麟	主编

丹书寄情

纪念《地基处理》专著出版三十周年

王吉望

一、改革开放与西方国家地基处理新技术的引进

20世纪50年代，在土力学理论、桩基础等领域，在多位国外归国的老一辈土力学专家带领下，迅速引入我国高等学校和工程技术界，通过活跃的学术活动和大量出版土力学的教材与译著，极大地缩小了我国土力学基础工程领域与国外先进水平的差距，为后来数十年我国的技术发展建立了不可磨灭的功勋。

如果说我国土力学、桩基础在20世纪50年代就开始了新的飞跃。那么，我国地基处理技术的飞跃迟于上述领域。由于多种原因，地基处理技术领域的引进和发展在那个年代相对缓慢，记得自1950年起很长一段时间，地基处理技术常常仅限于消除大孔性黄土的湿陷性处理、地基矽化加固、重锤夯实以及三合土、砂土垫层等少数我国传统或当时从苏联引进的几种地基加固方法。而对欧美、日本在此阶段的技术很少予以关注。

在70年代后期，随着改革开放，大规模工程建设项目突起，我国岩土工程界开始大量引进欧美、日本已经发展起来的许多地基处理工法，形成了地基处理技术引进、借鉴、应用的活跃期。其中包括强夯法、碎石桩、振冲法、砂井及塑料排水板、堆载、真空预压，多种化学、水泥注浆、旋喷桩、深层搅拌桩、加筋土工法等，在短短几年中，几乎引进了当时西方国家地基处理的全部工法。

由于大量工程建设项目多在东部沿海城市，因而对软弱黏性土区域的应用就尤其受到工程师们广泛的重视，也就在这个时期多次举行全国性地基处理技术研讨会，在这些学术会议上，叶书麟教授发表了大量的技术论文。叶书麟教授在他第一版《地基处理》专著中列出了多达 94 篇大量国内外技术文献，正是当时国内技术发展十分活跃的一个写照。

二、地基处理技术在应用中摸索前进

在改革开放初期，引进地基处理新工法时并无可能购买国外昂贵的机械和仪表，而多是参考国外公开的技术资料，借鉴国外工法技术，在国内机械制造和技术条件下开发国产机械加以应用和推广。

在此期间得到广泛应用的包括前述的强夯法、振冲碎石桩、砂桩、旋喷法、深层搅拌法、排水堆载预压加固、真空预压加固、压密注浆等。一时间，大江南北涌现了大量试验和工程应用的技术报告。

毫无疑问，大量地基处理新技术的应用，成了各种传统桩基的重要补充。虽然由于技术条件所限和缺少经验，这个时期在机械性能、质量控制和加固效果把握方面仍然存在着明显的不足，但应该说大量工程应用中地基加固发挥的作用无可置疑。

但是，地基处理方法与桩基础有着重要的区别，那就是各种地基处理方法的应用效果与地层条件比之桩基础有更大的差别。在桩基础中无论是预制桩、灌注桩，其桩体的几何尺寸和强度均有较好控制，也就是在不同土质条件下采用相同的桩，只会因土层性质不同导致提供不同的桩端阻力和侧面摩擦力而影响桩的承载力，并且，预期的承载力也较容易通过试验加以确认。然而，各种不同地基处理方法有不同的加固机理，具有显著的适用性和优缺点。而国外立足于其本国土层开发的地基处理方法也具有局限性，与我国工程项目地层条件和工程条件也常有差别。因此，一旦有时因未把握这些工法的适用性而加以应用就会遇到障碍，达不到预期的效果。

以“强夯法”为例，这种大能量的动力夯实方法起源于法国。此前，我国是采用从苏联引进的小能量的夯实方法称“重锤夯实”，主要用于大孔土的夯实以消除黄土湿陷性。

“强夯法”的英文名称“Dynamic Consolidation”可译为“动力加固”或“动力固结”，一度把这种方法试图用于软弱饱和土，期待强力作用下能“瞬间固结”达到加密淤泥质黏土的愿望，但屡遭挫折。

那个时期，通过大量的试验和工程应用，积累了成功的和部分不成功的案例，从而掌握了各种方法的适用条件，大大推动了工程界对各种地基处理技术的认知。

三、地基处理技术发展活跃时期的第一本《地基处理》教材的诞生

地基处理技术也如同其他技术领域一样，前进的道路从来不会一帆风顺。在改革开放迅速发展的初期，与国外的交流、了解仍然相对不多，短时间大量出现的多种适用性各异的地基处理工法，必然会导致在认识上的差异，而当时国内尚没有一本系统论述众多地基处理方法的教材或专著。

叶书麟教授是当年国内关注和竭力推进地基处理新技术的专家之一，他以极大的热情广泛汇集了国内外的论文和工程应用实例，于1988年出版了我国第一本《地基处理》的专著，填补了我国该行业的一个空白，因而出版后迅速被多个高等学校作为教材，也成为工程师们的重要参考书。

在第一版《地基处理》前言中，一段话阐述了作者编写这本著作的大环境和编者的初衷。

“我国土地辽阔、幅员广大、自然地理环境不同、土质各异、地基条件区域性较强，因而使地基基础这门学科特别复杂。随着当前经济建设的蓬勃发展，不仅事先要选择在地质条件良好的场地从事建设，而且有时也不得不在地质条件不好的地方进行修建。因此，就需要对天然的软弱地基进行处理。

地基处理的主要目的是指提高软弱地基的强度、保证地基的稳定；降低软弱地基的压缩性、减少基础的沉降和不均匀沉降；防止地震时地基土的振动液化；消除区域性土的湿陷性，胀缩性和冻胀性。

目前国内、外地基处理方法很多，很多方法尚在不断发展之中。每一种

处理方法都有它的适用范围和局限性，因而针对各种特殊土地基处理方法各异。为此，本书编写的原则是尽量反映国内、外地基处理的新技术和新经验，并对各种地基处理的方法阐明其加固机理、设计和施工方法，每章尽可能附以工程实例或算例，并对各种地基处理方法进行比较和综合考虑。”

书中针对当时工程界的需要，首先着重介绍各种地基处理方法机理的适用条件，并根据工程应用需要涵盖了各工法设计、试验、施工方法以及工程应用实例，这是国内第一本最广泛且系统的有关地基处理的教材，几乎涵盖了当时所有种类的地基处理技术。这对当时推进工程界对地基处理方法正确的认知，推动技术进步有重要作用。

本书第一版出版之后，随着我国地基处理技术持续进步和国外同类技术机械进一步引进，于 1997 年叶先生和叶观宝教授又共同编写出版教材《地基处理》(第一版)；于 2004 年又再次共同编写出版《地基处理》(第二版)，这两本《地基处理》，除了进一步完善作为高等学校教材的特点之外，又大量吸收了后来十余年期间我国地基处理技术进步的成果，具有系统性、理论性和实践性的特点。本书既适用于高校的教材也是有益于广大工程技术人员的学习、参考的重要著作。也是在那个时期，与土力学及基础工程学会的地基处理学术委员会主编的《地基处理手册》(1988 年)和后来龚晓南教授主编的《地基处理技术与展望》(2004 年)等，这些地基处理领域的重要出版物对我国当时和后来的技术进步起到重要推动作用。

结束语

当我们满怀激情回顾历史的岁月时，我们正处在大众创新举国上下努力奋斗实现中国梦的新时代，地基处理技术领域中浩荡的队伍已踏上地基处理技术创新、进步的快车道。

深情地回顾往昔的征途，更期待地基处理技术领域未来的光辉。

2018 年 4 月 18 日

向伯乐叶老致敬

周志道

叶老是我五十年代在同济念书时教授地基基础的老师，他为人和蔼可亲，对教育事业勤恳，在学术上知识渊博，是一位德高望重的岩土工程界权威。他主编的著作和翻译的国外技术文献，是我从事科学工作的学习宝库，得益匪浅。

我1956年从同济毕业后，被分配到北京冶金部建筑研究总院从事地基基础研究工作，主要服务于冶金工业部重大工程建设，例如武钢、上钢和宝钢。特别是1977年参加宝钢建设以来，结合上海软土地基，参与了日本主持的钢管桩和自行研究的位移桩以及混凝土离心管桩等大型桩基试验，学习了国外先进经验，掌握了大型地基处理技术，积累了丰富的经验，特别是学到了大型钢管桩设计、施工经验，为参与解决上海多层高层建设中出现的事故工程提供了宝贵的经验。

为有效解决既有工程的事故，我开始专心研究锚杆桩加固技术。20世纪80年代初结合安徽芜湖少年宫基础不均匀沉降事故工程的处理经验，我首先提出采用锚杆静压桩加固技术，经过实践取得了立竿见影的效果，由此相继在南京、福州、南昌、马鞍山、厦门等地推广使用，取得了明显的效果。这是一项我国自主独创的新技术，并获得冶金部科技成果奖，根据冶金部指示，由我主持编写的《锚杆静压桩技术规程》(YBJ 227—91)于1991年10月1日批准实施，为该项技术在全国推广使用提供了技术法规，同年被评为建设部一级工法，工法号“YJGF—0291”。该项技术最大的优点包括：①锚杆静压桩设计简便，受力明确；②锚杆静压桩施工不受空间和条件限制，可在狭窄空间内施工；③施工设备简单，移动方便；④压桩施工时无振动、无噪声、无污染，属环保型地基加固工法；⑤加固后能取得立竿见影的效果，使危难工程化险为夷，该项技术适用范围广。

20 世纪 70 年代开始，我已在上钢工程建设服务，并将锚杆静压桩技术引入上海，相继完成桃浦住宅楼纠偏加固、胜法塑料厂大型设备基础加固，金坤花园住宅楼不均匀沉降加固，处理事故工程达数十项之多，相继取得成效。

在上海工作期间，我与叶老有较多联系，叶老详细考察了这项技术，认为锚杆静压桩对上海地基加固处理非常有用，1994 年市建委委托同济大学叶老主持编制上海市《地基处理技术规范》(DBJ 08-40—94)，叶老要我将锚杆静压桩编入规范内，该规范于 1995 年 4 月 1 日正式颁布实施，接着由叶老主编的《地基处理工程实例应用手册》亦将锚杆静压桩技术内容纳入其中，并于 1998 年 4 月正式出版。我深深体会到锚杆静压桩在上海、江苏、浙江、湖北等地区大规模使用与叶老将该技术从列入规范及技术书专著的介绍有着密切关系，为此我称叶老为伯乐叶老，由于叶老的敏锐洞察力以及叶老的大力支持，该项技术才能在上海等地区广泛应用。

告诉叶老一个好消息，锚杆静压桩由以往加固处理多层住宅楼事故工程，到近几年来又研究出大型锚杆静压钢管桩，成功加固处理难度极大的高层地下室桩基事故工程；桩材由小截面混凝土方桩，发展到 ϕ600 大直径钢管桩，压桩力由 500 kN 提高到了 5 000 kN，桩长和压桩力可实现自动化记录，可与计算机联网，锚杆静压桩技术是我国自主独创的技术，发展前途无量。

最后庆祝九十大寿叶老幸福长寿。

2018 年 4 月 28 日

敬贺叶书麟先生九十华诞

张永钧

今年喜逢叶书麟先生九十华诞，为先生高兴，敬贺先生健康长寿！

翻开叶先生的年历表，自大学毕业起，从助教、讲师到教授，步步顺利，培养了一届又一届的学生，桃李满天下。除了在校任教，先生还承担了不少社会团体职务。为同行作了无数次的专业讲座广传知识，特别是在基础工程和地基处理领域，叶先生编写出版了多本专著、教材，翻译了多国基础工程专著；主编和参编了多本国家和地方标准，更为出彩的是都获得了极高的评价，获得过国家级的国家科技进步奖、建设部的部级科技进步奖、市级的工程建设优秀标准奖、国家新闻出版广电总局的优秀图书奖、高校优秀教材奖，等等。叶先生还享受国务院特殊津贴，这一切展示了叶先生几十年精彩人生，令人仰慕，令我敬佩万分！

我和叶先生的合作是从20世纪80年代开始的，我们共同在地基处理领域编写完成了《建筑地基处理技术规范》(JGJ 79—91)，这本规范获得了国家科技进步三等奖、建设部科技进步一等奖。我们还一起编写完成了《既有建筑地基基础加固技术规范》(JGJ 123—2000)、《既有建筑地基基础加固工程实例应用手册》。在一起工作的日子里，先生处处表现出对工作的严谨而细致，认真又负责，为人谦和中肯，虚心合作，为规范编制作出了重要的贡献，这段经历是极其难忘的，回忆起来又非常愉快，很感谢先生对我的帮助和指导。

在庆贺叶先生九十华诞之际，我敬祝先生健康长寿，乐享亲情、友情和师生情！

2018年5月21日于北京

难忘同济　感恩老师

丁玉琴

我是1958年考入同济大学的，有幸得到叶书麟老师亲自授教。时光飞逝，毕业已经55年了，回忆在校时叶老师教学的情景还似在眼前，很是亲切。

我在(当时的)勘测系土力学地基基础专业入学，但这不是我投考的志愿。当年我录取在我报考的(当时的)数理力学系，但开学报到时被告知转系到勘测系，当时很委屈很无奈。然而在校五年对这个专业，我从不愿意学转变成对它喜欢和热爱，是因为在这里我遇到了一批优秀的师辈，得到了他们的教导和培养。

1958年土力学地基基础专业是同济大学一个新开的专业，据悉是因修建上海地铁的急需，而在高考招生后临时决定设立的，因此生源只能在本校新生中调剂。我是被转专业学生之一，新专业最艰难的是没有现成的教材可以借鉴，但是我们这届学生却学得很充实很系统很实用，很受用人单位欢迎，这是老师们辛劳无私付出的结果。

叶老师教我班基础工程课程，给我们留下的印象是老师治学极其严谨，对工作特别细心认真负责。当时发给我们的教材是老师自编的油印讲义，内容极丰富，一本又一本，记录了老师的心血。可以说老师是把自己掌握的一切知识都尽可能贡献给了我们，详尽又全面，唯恐我们将来专业知识不够用。对这些讲义我很珍惜，以致在毕业后还带在身边，而这些难得的教材确实指导了我的工作。毕业分配我很幸运，分配在专业最对口的中国建筑科学研究院地基基础研究所，当时单位中绝大多数是结构专业的毕业生，他们专于结构而弱于地基和基础的结合，一起工作时常显示出两个专业的差异，每每遇此情况，我会以自己的专业为荣，感谢同济老师们的辛勤付出，更感谢叶老师，感恩之心长在！

叶老师待人非常谦逊，安详平和，平易近人且极其关爱自己的学生们。我们离校55年，但鲐背之年的叶老师还熟记着我们系第一届土力学地基基础专业的全体毕业生的姓名，直到现在我还年年收到老师的贺卡，询问学生们的现况，介绍自己的养生经，这样深厚的师生情难能可贵，尊敬之心永不灭！

叶老师在本职岗位上辛勤耕耘了几十载，硕果累累，桃李满天下。今年是叶老师九十华诞，您的学生与您同喜共庆，敬祝老师健康长寿，福乐绵长！

2018年4月25日

德 馨 技 精

——我心中的叶书麟老师

袁雅康

我与叶书麟老师相识于20世纪70年代，有幸同他一起去连云港参加全国首次软土地基处理技术交流会。回沪后，又多次聆听老师讲课，请教问题，还共同参与了地基处理工程实践活动。

1979年夏，当得知苏州虎丘斜塔要加固的消息后，我院科研室在叶老师的带领下，深入现场调查、地基勘察，分析研究，制定了加固方案。

虎丘塔为全国重点文物保护单位之一，建于公元959年，距今有一千多年的历史。塔呈七层八角形，砖结构，塔身直径为13.66 m，塔身47.5 m，塔重6 300 t，支承在4个内墩和8个外墩上。塔建成后，历经风雨剥蚀，战火沧桑，至1949年时已遍体裂缝，破损不堪，虽于1956年和1957年进行了上部结构修缮，但塔身严重向东北倾斜，不均匀沉降明显，塔顶位移达2.3 m、塔重心偏高基础轴线0.924 m(1978年实测)。

经勘察，塔基土层为坡积的黏性土夹碎石，南、北向土层厚薄不一，在塔底直径范围内，北面塔外墩至基岩面的覆盖土层厚度为7.6 m，而南面却为3.6 m，相差4 m。覆盖土层厚度不一是造成塔身倾斜的主要原因，偏心距发展又加重了塔身倾斜，斜塔亟待加固。

加固方案的技术思路是尽快改善塔下土体的受力状态并提高地基承载力，方法是采用树根桩，并在塔底外围4 m范围设进入基岩的止水帷幕，使塔基土层不因地下水径流而产生水土流失，增加地基稳定性，以止住塔身倾斜并适当纠偏。

当时，提出加固方案的还有北京的建科院，其方法是在塔外围采用人工挖孔桩(直径 1.4 m,进入基岩 0.5 m),形成圆形连续墙,再对塔身内外地基土采用干钻孔压注水泥浆进行加固。

最后由建科院中标,加固效果经监测证明,塔体不均匀沉降和倾斜得到控制。

同年年底,与我们有业务往来的上海新卫机器厂办公大楼(条基,3~4F)倾斜,希望纠偏。我们拟采用树根桩方案予以加固纠偏。在叶老师带领下我们制定了树根桩试验方案,主要技术参数是:桩径 ϕ120,内配筋 4ϕ25,桩长 15~16 m(穿透④层泥质黏土,进入⑤层 0.5~1.0 m),采用院里的自动化钻机成孔、成桩(内投碎石,下钢筋,压注水泥浆),还进行了竖向单桩承载力试验,并拔桩检验桩身完整性。试验完成后写出了试验技术报告。由于试验期间,办公楼东侧开挖基坑(约 4.0 m 深),发现办公楼已回倾,达到了使用要求,故本次树根桩试验结果没有应用于工程实践。那时,树根桩应用实例不少,最知名的是上海隧道公司采用树根桩成功应用于上海外滩天文台托换工程的案例。

1981 年春,金山石化总厂化工一厂为节约地基基础投资,希望我院开展地基加固研究工作。我们提出强夯法加固地基试验,加入了当时全国"强夯热"的浪潮中。厂方拨出约 600 m^2 场地,并给予经济支持。我们在叶老师带领下,针对土层特点(0~3 m 为江滩土,3~5 m 为硬壳黏性土,其下为淤泥质黏性土,深 16~20 m 为粉性土),试验中务求加固软土,进入深层粉性土至少 2 m。按能量开平方公式估算加固深度。采用夯锤 20 t、落距 20 m 的主要参数,在制定强夯试验加固地基方案中,对夯点平面布置、每点夯击数、夯击遍数、夯击间隙时间以及监测要求和夯击效果检验手段等,均作了详细说明。我院由闵泉欣工程师负责。试验比较顺利,但最后做力学检验时,发现加固效果不理想,标准贯入、十字板、静力触探成果曲线显示深 7 m 以下土层指标加固前后基本一致,表层加固后有明显增长,后来又取样开展了微观结构分析,对于呈棉絮结构状的淤泥质黏土来说,亦有一定的挤密状,故最后分析认为:试验场地土层经强夯加固后,有效影响深度为 7 m,其下土层微观结构虽有变化,但力学指标没有提高。该强夯试验成果未应用于金山石化总厂工程项目中。

回忆那二三年的共同经历，无论是虎丘斜塔加固方案未能中标，还是树根桩、强夯法加固软基试验没有及时用于工程实践，但均使我们受益匪浅。在叶老师的言传身教中，我们不仅学到了地基加固技术，还学到了老师的严谨治学作风，更有他谦虚谨慎、真诚求是的待人处世品德。这些都为自己后来的成长，有机会带领全院推行岩土工程技术体制大有裨益。恩泽余生，终生难忘。

值此叶书麟老师九十寿诞之际，祈愿老师福寿康宁，永远快乐！顺颂大安！

2018 年 4 月 28 日

记叶书麟教授诲人不倦的二三事

袁内镇

今年恰逢叶书麟教授九十华诞，得知叶老师身体健康，十分欣慰。我与诸友人、同仁、学生怀着对叶老的崇敬，回顾叶老的感人事迹，倍增思念感激之情。叶老几十年如一日，辛勤耕耘，硕果累累，诲人不倦，品德高尚，为我国岩土工程的发展作出了重大贡献。

那是1986年，我身为湖北省建筑科学研究院石灰桩课题负责人，了解到天津大学范恩琨教授等早期的石灰桩研究成果，同时也听说同济大学曾进行过石灰桩的现场试验研究。于是不远千里来到同济大学，走进叶老简陋的办公室。虽素不相识，叶老仍热情接待了我，详细介绍了在浙江进行石灰桩现场试验的情况及存在问题，并无私地提供了试验资料，为我院石灰桩课题研究指明了方向，表现出诲人不倦的高尚学风。这在市场经济不愿公开研究成果的风气下，十分难能可贵。

1988年，我院"石灰桩加固软土地基"课题顺利通过省级鉴定并获湖北省科技进步三等奖。

而后，我又参加了黄熙龄院士主持的系列软土地基加固方法的课题研究。根据试验研究成果，撰写了《石灰桩复合地基承载特性及承载力计算》一文。作为审稿人，叶老充分肯定了论文的论点，并推荐该文作为我国1994年北京亚洲土力学会议入选论文，选编入论文集。

我与叶老交往不多，叶老并无门户之见，热情教诲，帮助我踏入我国岩土工程界，这与叶老师诲人不倦的高尚学风密不可分，使我终生难忘。

祝叶老身体健康，幸福美满。

2018年4月29日

与叶书麟老师快乐合作的回忆

孔清华　桂淞莉

叶老师“著作”的引领

我们欢聚在一起共同庆祝叶书麟老师的九十寿诞，学生桃李满天下，“著作”享誉岩土界，为人清贫做学问，紧贴工程助人为乐，无数工程技术人员沿着叶老师的“著作”而步入岩土工程界，我也是从“著作”中认识叶老师。

我原为机械部第四设计院工民建专业的结构工程师，1980 年借调至宁波机电工业研究设计院（现更名浙江华展研究设计院）工作。工作伊始，遇到了在海相沉积的深厚软土地基上建造大楼的难题，我开始学习叶老师的“著作”，从中了解各类地基处理的方法以及适用条件，从此进入漫长的“桩基”研究。当时的经济不发达，经济效益好的企业可以自筹资金为职工建楼，建设也是零星、见缝插针式的。在软土地层上采用的是天然地基盖楼（多层建筑），因当时施工的“桩基”不普及，而且“桩基”施工的费用高昂，80 年代初期是用不起“桩基”的。直至目前还留下用天然地基的建筑，但沉降量很大，一般可达 1 m 以下（最大可达 2 m）。在这种情况下，研究低造价的沉管灌注桩桩型尤为重要。为此在叶老师的“著作”引领下，我开始步入岩工工程界，这些“著作”成为引领我的良师与挚友，使我明白岩土工程是一门创造性学课的兴趣，能解决工程实际问题的技术都是好技术的道理，回忆起与叶书麟老师在一起时的点点滴滴，至今使我终生难忘。

叶老师的鼓励与帮助

1990年初期应宁波土木建筑学会邀请，叶老师来宁波作有关深基坑工程设计与施工技术讲课，在讲课中多次提到能解决工程实际问题的技术就是好技术，对软土地层沉管灌注桩系列技术与软土桩基技术的研究给予充分的肯定。叶老师的鼓励使我终生保持对岩土工程技术的兴趣。

沉管灌注桩技术适用于杂填土地层施工，而饱和软土地层是施工沉管灌注桩的禁区，因为沉管灌注桩在饱和软土地层施工产生的挤土效应会将已施工的临桩挤裂或挤断。要解决软土地层的挤土问题，第一需控制沉入桩与相邻桩的挤土影响距离，调节施工沉桩程序与桩距至不影响或微影响。第二需控制好对影响距离内的桩在相邻桩混凝土初凝前完成施工，混凝土因在初凝前已形成的挤土变形的桩体，桩的承载力值是不受影响的。

掌握控制沉桩程序而减小挤土施工对邻桩的影响，从而建立软土地层施工沉管灌注桩的质保体系，又遇到改革开放后全国大规模的建设高湖，到处见到多功能沉管桩机施工沉管灌注桩，沉管灌注桩桩型得到很大发展。在研究过程中，经常得到叶老帅的鼓励与帮助，研究的桩型有等径挤土型的沉管桩、静压扩底沉管灌注桩、预制大头沉管灌注桩、预制沉管组合灌注桩，后来又发展沉管式干取土系列灌注桩等。

叶老师对《岩土工程师》杂志的支持

宁波机电工业研究设计院在软土地层研究开发沉管灌注桩系列技术后，同年创刊了《桩基工程》杂志(半年刊)，后与同济大学、浙江大学、浙江建研院合作，将《桩基工程》更名为《岩土工程师》杂志(季刊)，下图为《岩土工程师》编辑部在上海同济大学专家楼召开编辑部全国第一次学术研讨会合影留念，议题是“石灰处理软地基的全国学术研讨会”，与会专家学者120余人。由编辑部主任委员侯学渊教授主持会议，会上第四届国际土力学会主席 B. B 勃朗姆斯作了“石灰处理软土地基”的专题报告。

学术研讨会上合影留念(前排右起第 5 为叶书麟教授)

与叶老师合作解决加压沉井基坑工程难题

宁波天主教堂教会旗下的房地产公司有一个单层地下室基坑工程的设计项目，基坑的平面呈规则的长方形，要求出具一个安全、工期短、造价低的基坑设计方案。经多方案对比分析，选用沉井的方案比较符合业主要求。常规的沉井方案为重力沉井，井壁厚度必须大于或等于 0.5 m，一般厚度为 0.5～0.8 m，完全依靠沉井的自重克服井壁与沿周土之间的摩阻力沉入土层，其过程发生极易发生沉井阻沉、倾斜、平面位移等问题，则不符合业主对基坑安全、工期短、造价低的要求，重力式沉井的设计方案即被否定。

经与叶老师协商，参照静压桩施工的原理，用外力将沉井沉入土层至要求深度，以高强预应力锚杆作沉井反力。因完全依靠外力将沉井结构体沉入土层(与自重无关),考虑结构刚度,沉井井壁厚度必须大于或等于 0.2 m,一般厚度为 0.2～0.3 m,以高强预应力锚杆的反力,沿井壁的顶面均布加压点,基坑小的有数十个加压点,基坑大的有上百个至数百个加压点,均通过计算机控制,按各位移点的位移量自动调节加压点的压力增减,保证沉井各加压点均匀同步将沉井沉入土层,沉井内须另加钢管临时支撑,保证结构体沉入土层时的刚度,提交设计文件供专家评审。

左上图是宁波邀请上海基础公司原总工程师桂业琨出席深基坑工程的专家评审会,与叶老师三人的合影。右上图为叶老师、孔清华二人的合影。

评审结果中,用计算机控制在沉井顶端加压外力的深基坑工程设计方案被宁波市的专家否定了。方案虽然被否决了,叶老师与我也欣喜,高兴之处是能够提出一种新型的基坑工程方案,方案能否应用于工程取决于当时的专家对此技术的认识。评审会结束后,与叶老师、桂总等轻松游阿育王寺、天封塔,留下在阿育王寺中的藏经楼的合影,在烟雨蒙蒙的天封塔前的合影以及在阿育王寺的天王殿的合影,这些合影作为与叶书麟老师快乐合作回忆的见证。

生命的年轮不停地旋转,穿越耄耋之年,转眼进入垂暮之年,面对自己喜欢的岩土工程,有时要浓厚,有时要淡漠,有时要回眸,有时要释怀,有时要攻克，有时要回避。保持对专业的兴趣，视作游玩与旅行，可作养心与交友，自强者快乐，淡泊者无愁，为善者自乐，高尚者常青。共同庆祝叶书麟老师的九十寿诞时刻，与暮年老师与老朋友共逸。

2018 年 4 月 25 日

学生晚辈

师生谊长

胡静娟

值叶书麟老师九十寿诞之际，我作为先生的学生为之高兴贺彩，期冀他迎春过百年。回忆师生之情，感慨万千，写此上短文为之贺寿。

我是同济大学工农预科 58 级学生，1960 年毕业后直升本科地下系土力学专业学习，有幸得到系和专业的领导与老师教育培养，使我在人生道路上对党和人民做了我应做的奉献。1964 年叶书麟老师给我班讲授“基础工程”专业课，随后带我班赴南京长江大桥实习，叶老师出色完成实习任务。期间，

南京长江大桥实习于中山陵合影

南京实习和叶书麟老师合影

老师关心学生，与学生干部促膝谈心，和学生融成一片，同去南京中山陵和雨花台参观、合影，给我留下了深刻的印象。

1980 年 9 月，我有幸由西北建筑工程学院推荐赴同济大学地下系进修“地基基础”专业课，回校当专业课教师。一年时间里，除完成进修课程外，叶老师助我通过了由西北建筑工程学院出题，委托同济大学监考的教师晋级“外语考试”。进修结束时叶老师特邀我去他家做客，老师是那样平易近人！

之后，我和母校包括预科的老师有了更多联系，和叶老师联系那是当然的。退休前，因工作繁忙，联系相应少些，但心系老师，哪怕是师母有点身体不适，我也知情，也会表达我的惦念。叶老师来西安召开专业业务会议，我会看望他。我回上海老家，也会专程探望老师和师母。真是一日为师，终身为父。说真的，我自小四岁父亲去世，没有了父爱。

2000 年之后，我已退休，我们的联系更多了，我逢教师节、国庆、春节等总寄贺卡、打电话或写信祝贺。叶老师也常给我寄贺卡写信。以下我摘录片段做回忆。

2003 年贺卡：

贺身体健康，合家欢乐。

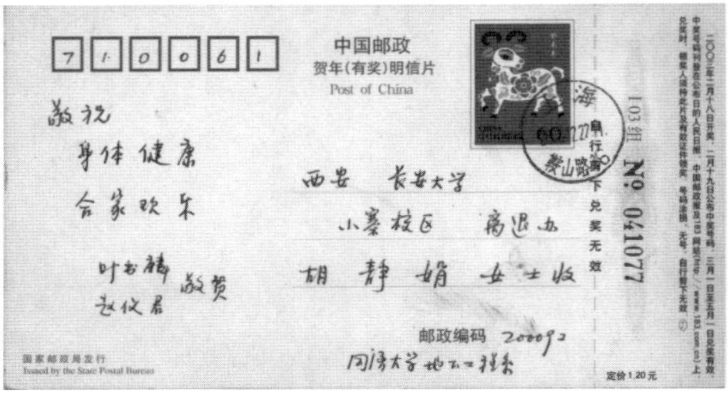

710061

中国邮政
贺年(有奖)明信片
Post of China

敬祝
身体健康
合家欢乐

叶书麟
赵仪君 敬贺

西安 长安大学
小寨校区 离退办
胡静娟女士收

103组 No 041077

邮政编码 200092
同济大学地下工程系

国家邮政局发行
Issued by the State Postal Bureau

定价1.20元

2003 年贺卡

2000 年 12 月 29 日信

贺卡收到。我仍笔耕勤读，准备出版最后一本著作，我主编，这是最后一书，就此搁笔了。

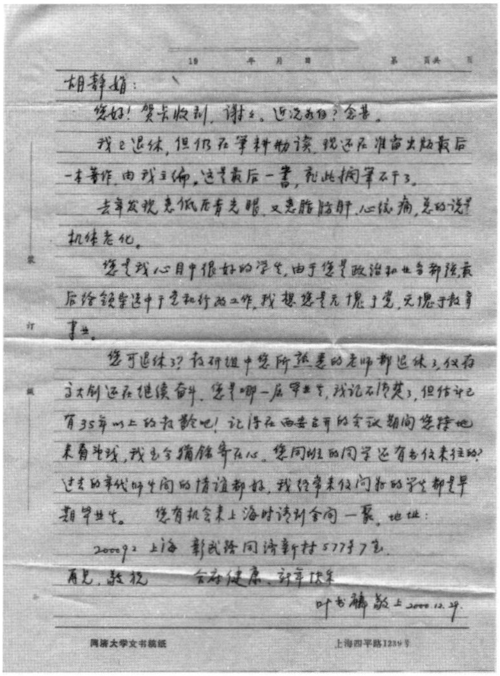

胡静娟：

您好！贺卡收到，谢谢。近况好否？念甚。

我已退休，但仍在笔耕勤读，现还在准备出版最后一本著作，由我主编，这是最后一书，就此搁笔不干了。

去年发现患低度青光眼，又患脂肪肝、心绞痛，总的说是机体老化。

您是我心目中很好的学生，由于您是政治和业务都强，最后给领导选中干党和行政工作，我想您是无愧于党，无愧于教育事业。

您可退休了？教研组中您所熟悉的老师都退休了，仅有丁大钊还在继续奋斗。您是哪一届毕业生，我记不清楚了，但估计已有35年以上的教龄吧！记得在西安召开的会议期间您特地来看望我，我至今犹铭记在心。您同班的同学还有与你来往的？过去的年代师生间的情谊都好，我经常来往问我的学生都是早期毕业生。您有机会来上海时请到舍间一聚。地址：

200092 上海 彰武路同济新村577号7室。

再见，敬祝 合家健康、新年快乐

叶书麟敬上 2000.12.29.

同济大学文书稿纸 上海四平路1239号

2000 年来信

叶老师在信中还激励我：

您是我心目中很好的学生，由于您政治和业务都强，最后给领导选中干党和行政工作，我想您是无愧于党，无愧于教育事业。

信中还写道：

我记不清你是哪届毕业生，但估计已有35年以上吧。记得在西安召开会议期间，您特地来看望我，我至今犹铭记在心。过去的年代师生间的情谊都很好，经常来信问好的学生是早期毕业生。

2012年8月来信：

常在同济新村散步活动，一天在新村散步时与预科许鹤鑫老师和罗敏生老师谈起，对您的评价较好，可见您对老师之情谊深厚。这次聚会（预科三班“感恩师长”聚会邀请的老师）给每一个参加者爱意，对我们老师也是一种骄傲。

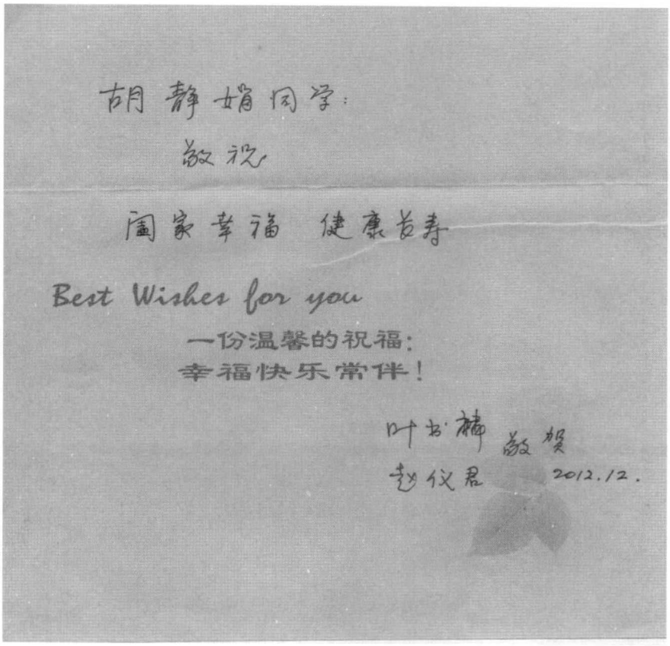

2012年贺卡

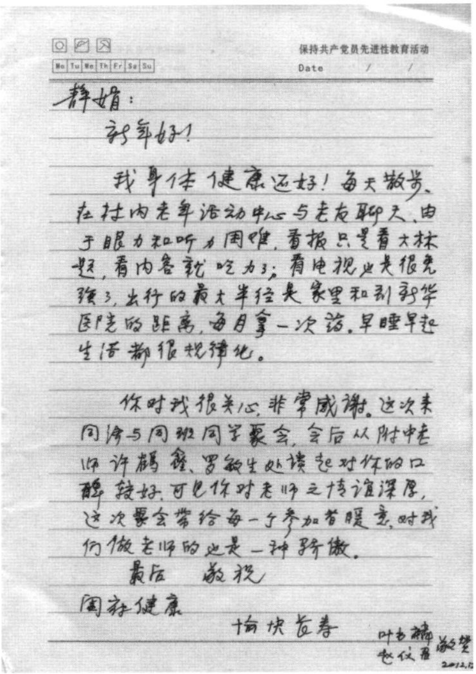

保持共产党员先进性教育活动

Mo Tu We Th Fr Sa Su Date / /

静娟：

新年好！

我身体健康还好！每天散步、在村内老年活动中心与老友聊天、由于眼力和听力困难，看报只是看大标题，看内容就吃力了；看电视也是很勉强了，出行的最大半径是家里和到新华医院的距离，每月拿一次药，早睡早起生活都很规律化。

你对我很关心，非常感谢。这次来同济与同班同学聚会，会后从附中老师许鹤鑫、罗毅生处谈起对你的口碑较好，可见你对老师之情谊深厚，这次聚会带给每一个参加者暖意，对我们做老师的也是一种骄傲。

最后 敬祝

阖府健康

愉快长寿

叶书麟
赵仪君 敬贺
2012.1

2012 年来信

2013 年信：

现在眼睛退化，耳朵也听不清，听你说 65 届毕业 50 周年要聚会，太欢迎了，届时提前一两天告诉我，好作安排，错开去医院拿药时间，参加聚会。

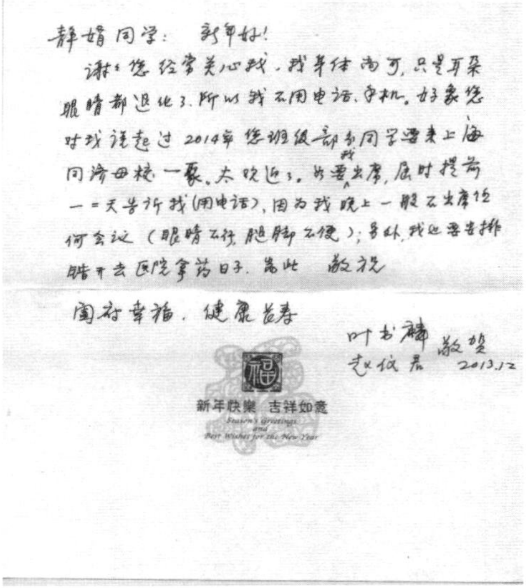

静娟同学： 新年好！

谢谢您经常关心我。我身体尚可，只是耳朵眼睛都退化了，所以我不用电话、手机。好象您对我谈起过 2014 年您班级部分同学要来上海同济母校一聚，太欢迎了。如要我出席，届时提前一二天告诉我（用电话），因为我晚上一般不出席任何会议（眼睛不行，腿脚不便）；另外，我也要安排错开去医院拿药日子。为此 敬祝

阖府幸福，健康长寿

叶书麟
赵仪君 敬贺
2013.12

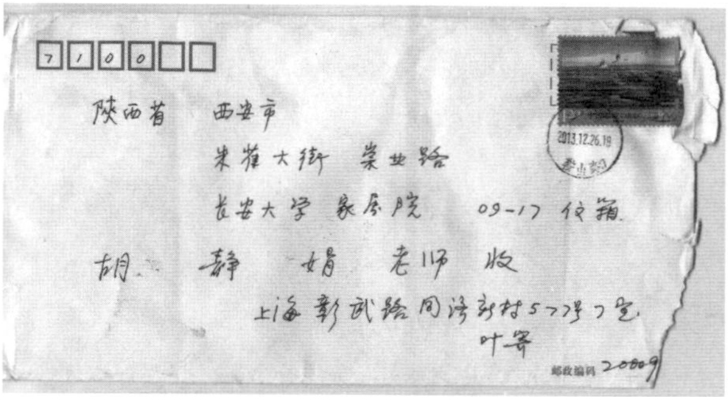

2013 年来信

2014 年夏，我特邀请叶老师与夫人（因有事未参加）及预科班主任许鹤鑫老师和两位预科班好友在同济新村餐厅叙聚。同年 12 月叶老师来信：

谢谢您的热情招待，共叙往事，欣慰之至。

来信还为我提供原地基教研组部分老师联系电话，为 2015 年 9 月举办 65 届毕业五十周年联谊活动提供了信息。

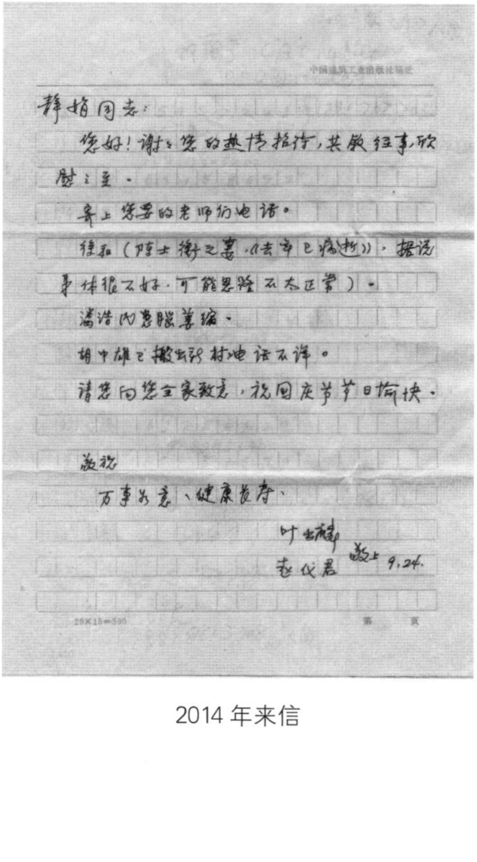

静娟同志：

您好！谢谢您的热情招待，共叙往事，欣慰之至。

寄上您要的老师们电话。

徐和（陈士衡之妻·《法本已编述》），据说身体很不好，可能思路不太正常）。

潘浩内忠联系编。

胡中雄已搬出新村电话不详。

请您向您全家致意，祝国庆节节日愉快。

敬祝

万事如意、健康长寿。

叶书麟
赵代君 敬上 9.24.

2014 年来信

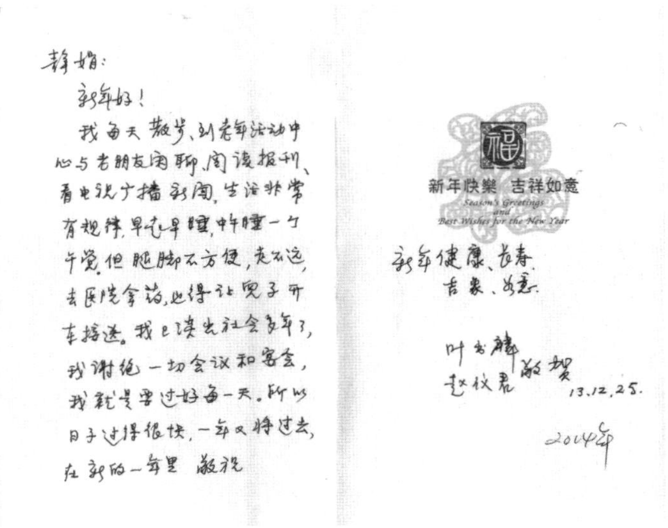

静娟：

新年好！

我每天散步、到老年活动中心与老朋友闲聊、阅读报刊、看电视广播新闻，生活非常有规律，早起早睡，中午睡一个午觉。但腿脚不方便，走不远，去医院拿药，也得让儿子开车接送。我已退出社会多年了，我谢绝一切会议和宴会，我就是要过好每一天。所以日子过得很快，一年又将过去，在新的一年里 敬祝

新年快樂 吉祥如意

Season's Greetings and Best Wishes for the New Year

新年健康、长寿、吉泰、如意。

叶书麟 赵仪君 敬贺 13.12.25.

2014年

2014 年贺卡

2015 年 6 月来信：

因在家台阶处摔跤，手撑了，手指和掌骨错开，但无大难，后遗症是腿更无力，腰酸背痛，只得每天在家锻炼腿力。

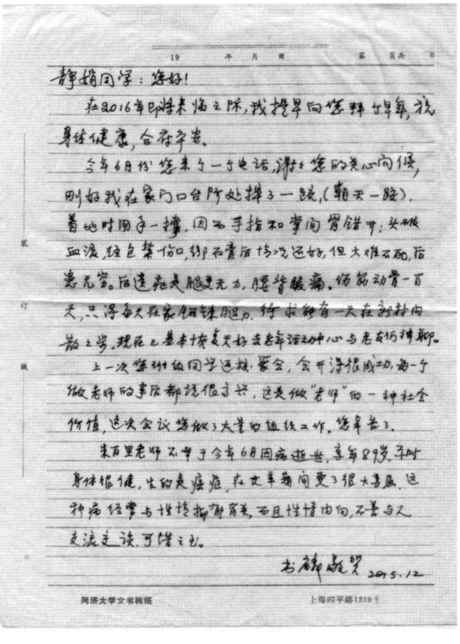

19 年 月 日 第 页共 页

静娟同学：您好！

在2016年即将来临之际，我提早向您拜个早年，祝身体健康，合家平安。

今年6月份您来了一个电话，谢谢您的关心问候，刚好我在家门口台阶处摔了一跤，(朝天一跤)。着地时用手一撑，因而手指和掌间骨错开；头破血流，经包扎伤口，绑石膏后情况还好，但大难不死，后患无穷。后遗症是腿更无力，腰背酸痛。伤筋动骨一百天，只得每天在家锻炼腿力，待求能有一天在新村内散散步。现在已基本恢复，又好去老年活动中心与老友们神聊。

上一次您班级同学返校聚会，会开得很成功，每一个做老师的事后都说很高兴，这是做"老师"的一种社会价值，这次会议您做了大量的组织工作，您辛苦了。

朱百里老师不幸于今年6月因病逝世，享年89岁。年时身体很健，生的是癌症，在文革期间受了很大委屈，这种病经常与性格抑郁有关，而且性情内向，不善与人交流之谈，可惜之至。

书麟敬贺 2015.12

同济大学文书稿纸 上海四平路1239号

2015 年来信

2015年底来信：

您班同学聚会，会开得很成功，每一个老师来后都说很高兴，这是做老师的一种社会价值。这次会议您做了大量的组织工作，您辛苦了。

2016年贺卡、信：

待求能有一天在新村内散步。经过有毅力、顽强、坚持，终于年底前基本恢复，又每天去老年活动中心，与老友神聊。

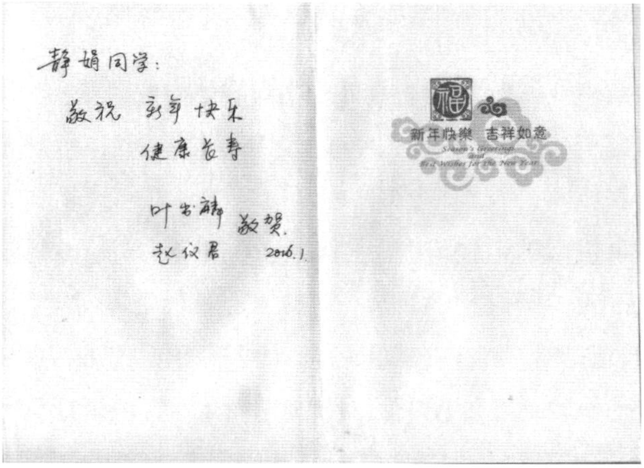

2000年贺卡

今天，我重读叶老师的一封封来信，看一张张贺卡深感叶书麟先生：

道高德才　雅品成集
日日不倦　穷理皓首
求真务实　桃李满天下
阳光生活　持恒坚强
快乐永驻　得之淡然
失之坦然　永恒师生情

2018年2月

我认识的叶书麟教授

黄　强

三十年前有幸认识叶书麟教授，那时他参加由我所（中国建筑科学研究院地基基础研究所）张永钧教授主编的《建筑地基处理技术规范》，张永钧教授的办公室与我相邻。

我当时从事桩基础工程研究，在刘金砺教授带领下开展《建筑桩基技术规范》的编制工作。叶教授当时已经是我国著名的地基处理专家，我早就拜读过他编写的《地基处理》。桩基和地基处理有相同之处，但计算方法不同，记得我当时向他请教地基处理中的面积置换率计算，后来成为复合桩基承载力设计计算的一个主要分析参数。

叶书麟教授给你的永远是一张笑眯眯的面孔，总是不厌其烦地为你解答问题，直至你完全明白。

现在我已经过了叶教授当年的年龄，与叶教授几次相处，给我留下一个资深学者的深刻印象。当遇到有年轻同行和我共同讨论一些技术问题时，叶教授那种诲人不倦的精神总是让我充满热心与耐心，同时自己也从中获益匪浅。

感谢叶老师，祝叶老师身体健康。

2018 年 4 月 22 日

写在叶书麟教授九十大寿之际

侯伟生

叶书麟教授是我国地下工程领域的前辈，他在地基处理方面有着很深的造诣，他在地基基础理论和实践领域为我们留下了难以忘怀的记忆。他治学严谨而仁厚，是一位满载盛誉的学术前辈，不仅在许多学术领域取得了举世公认的成就，而且以求真务实的学风，严谨的科学态度和刻苦钻研的精神，散发了无穷的人格魅力。

我曾几度有幸同叶书麟老先生一起，参加学术交流与研讨活动，从中获得知识、乐趣和友谊。其中，让我难以忘怀的是参与中国建筑科学研究院张永均研究员主编，同济大学叶书麟教授、北京交通大学唐业清教授共同起草编制国家行业标准《既有建筑地基基础加固技术规范》(JGJ 123—2000)的经历。这本规范是在当时特定的市场条件下，为了解决地基基础病害而临时列出的编制计划，当时全国这方面的经验积累并不多，编制难度大，编制组成员就我们四个人，工作量大，因此我们每次编制工作会议都要开上几天，编制工作历经两年多时间。开会讨论、调研座谈经常在一起，叶书麟老先生的严谨承载着90年代学术界的优良作风，这点我深有体会，也正是这次学习的机会，让我在日后参加的更多的规范编制工作中发挥了更好的作用。在与老先生共事过程中，老先生一丝不苟的严谨态度和敬业精神深深影响着我。在叶书麟老先生的眼里，做学问每时每刻都应该是高标准和严要求。他待人和善可亲，风趣幽默，酒量也不错，他经常和我们开玩笑，说他经常带研究生出去，在一些场合学生不胜酒力，他反倒替学生喝酒。叶书麟老先生对真理的热爱，对学术严肃、严谨的精神，对学子的关心，对建筑发展所倾注的满腔热情，都将鞭策我们后来者薪火相传。

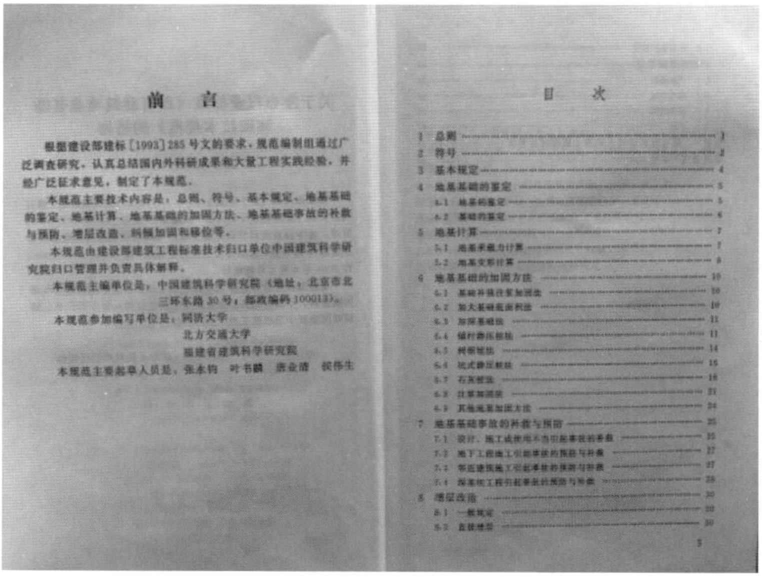

前　言

根据建设部建标［1993］285 号文的要求，规范编制组通过广泛调查研究，认真总结国内外科研成果和大量工程实践经验，并经广泛征求意见，制定了本规范。

本规范主要技术内容是：总则、符号、基本规定、地基基础的鉴定、地基计算、地基基础的加固方法、地基基础事故的补救与预防、增层改造、纠倾加固和移位等。

本规范由建设部建筑工程标准技术归口单位中国建筑科学研究院归口管理并负责具体解释。

本规范主编单位是：中国建筑科学研究院（地址：北京市北三环东路 30 号；邮政编码 100013）。

本规范参加编写单位是：同济大学
北方交通大学
福建省建筑科学研究院

本规范主要起草人员是：张永钧　叶书麟　唐业清　侯伟生

目　次

1

在叶书麟教授九十大寿之际，恭祝叶老先生福如东海寿比南山！

2018 年 4 月 26 日

叶书麟教授——谦和、认真、宽容的长者

黄　新

我与叶书麟老师接触并不多,但是叶老师谦和、认真和宽容的品格给我留下深刻的印象,令我肃然起敬。

大约是 1984 年,南京要在水西门外建南湖新村住宅小区。建设场地为几十米深的淤泥质土,地基承载力不能满足要求。当时,国内还没有成熟的软土地基处理经验和技术。因此,在该小区采用了多种可能的地基处理技术做试点工程,其中有冶金部建筑研究总院开发的深层搅拌法。这也是深层搅拌法第一次真正的大面积应用于建筑地基,其中有一段时间,施工现场由我负责。

叶老师是最早到深层搅拌法地基处理施工现场考察的专家学者之一。那时经常下雨,工地泥泞。在征得我方同意后,叶老师踩着泥巴深一脚浅一脚地从前台到后台认真地考察了全套施工机械设备;爬上机架站在操作工后面,一遍又一遍完整地观看深层搅拌桩施工全过程。对整个工艺的流程、各工艺环节工人的操作过程、仪表指示变化与土层和设备状态的关系、施工过程记录以及质量控制与检测方法都认真观察、仔细地询问。叶老师是我的老师的老师。但这样一个大学教授,在工地上,不论对我这个徒孙级别的技术人员还是对普通的工人,都是谦恭有礼,不耻下问。

其后不久,叶老师带着学生到深层搅拌法地基处理工地参观实习,并邀请我给学生讲课介绍深层搅拌法。那时,我刚从冶金部建筑研究总院组织的大学毕业生工程实习结业不久,是在该工程开工前几个月被分配到地基所、来到深层搅拌法项目组的。所以我对于深层搅拌法一知半解,而叶老师已是地基处理领域知名专家。叫我讲课简直就是班门弄斧。我一方面肚里无货

心中忐忑，另一方面却要打肿脸充胖子，所以我在讲课过程中，对一些我自己并没有搞清楚的事情妄加评述。显然，我的讲述对学生没有什么吸引力。但我注意到在我讲述的整个过程中，叶老师始终专注地倾听，偶尔也记上两笔。这给了我极大的鼓励。在我讲述完毕后，叶老师在学生面前给予我充分的肯定。但在私下对我讲述中的不当之处给予了指正。

大约在1995年，我们课题组的研究项目“工业废石膏在软土固化中的应用”在位于北京西土城路的冶金部建筑研究总院，由冶金部科技司主持进行科技成果鉴定。鉴定委员会主任由杨灿文先生担任，叶老师担任副主任。而在此不久前，有课题组成员曾在公开场合对叶老师有极为不恭的言行，因此我们担心叶老师会在其中起不利的作用。然而，结果却恰恰相反，叶老师似乎根本就没有把此事放在心上。那时交通还不怎么便利，冶建院招待所也相当简陋，专家评审费更是少得可怜。叶老师百忙之中远道而来，连夜审阅鉴定材料。在鉴定会上，针对鉴定材料中多处阐述不清的问题提出质疑；在项目成果的技术价值和环保意义等方面，对课题组认识不足或提升不够之处给予了客观公正、实事求是的分析和评价。最终鉴定委员会对项目成果给出了出乎课题组预期的评价。之后该技术成果获得1997年国家科技进步三等奖。

一滴水可以映射太阳的光辉。在这些微不足道的小事上，叶老师不经意的行为，流露出教授谦恭、认真和宽容的高尚品格，给我留下深刻的印象，成为我学习的楷模。

衷心祝愿叶老师健康长寿。

2018年3月19日

浩瀚学海无止境　一盏明灯伴我行

——写在叶书麟先生90寿辰

张循当

尊敬的叶老师，我知道，您老人家不认识我，因为您从未见过我。但我认识您，用一句时髦的话讲，我是您的粉丝。

我是1981年毕业的一名大学生，在改革开放之初，在国家基本建设如火如荼之际，因为十年浩劫，有关建筑的专业书籍少之又少，特别是有关地基处理的书籍更是凤毛麟角。我们这一代是幸运的，赶上了国家对知识、对知识分子的尊重、重用的年代，因此，24岁的我就被提拔为山西一建第九施工队的技术队长。虽然我有大学数年的苦读，然而在此岗位上还是感觉力不从心，特别是山西一建地处山西晋南的一个县级市——侯马，接触新知识的机会就更少，面对大量的工作中遇到的地基不均匀沉降问题、建筑物增层时的地基加固问题，真是一筹莫展，甚至束手无策。那时山西还没有专业的建筑书店，因此每逢出差到太原、北京等大城市，我都要到当地的新华书店去转一转，看一看。功夫不负有心人，80年代后期，在北京小黄庄建筑书店看到了《地基处理》这本书，虽然当时我的月工资仅有50多元，但还是毫不犹豫地买下了这本书，从此成为我最喜爱的一本书，闲暇时通读，遇到具体工程时针对性的读。这本书伴我从技术员、助理工程师、直到今天的教授级高工、注册岩土工程师。因为勤学苦读，这本书帮我解决了大量的工程问题，特别是在喀麦隆国家体育馆工程中，解决了复杂的地基问题，被山西建工集团推荐参加国务院特殊津贴专家评审，并获通过。现在我已成为山西建工集团的副总工程师兼技术中心（国家级）主任。可以说，是叶老师的这本书给我指明了在岩土工程这一崎岖道路上的成长之路、成功之路，虽然我们未曾谋面，但在我的内心，您老人家早就是我的指导老师了。

欣闻今年是先生的90寿辰，又闻观宝师兄有意编写叶书麟先生90寿辰的贺文集，冒昧地以您编外弟子的名义给老师祝寿，还望老师不吝赐教。再一次祝老师生日快乐，身体健康！

2018年6月8日

叶书麟老师的点滴

张　峰

叶书麟教授对《建筑地基处理技术规范》(2002 版)征求意见稿的回信

叶书麟老师在学术上十分严谨，为人谦和、平易近人，是我们年轻一代学习的榜样。

1999 年《建筑地基处理技术规范》(2002 版)准备开始修订，我负责向全国知名专家，各大设计、勘察、检测、审图单位和施工单位发出征求意见稿。共发出 500 余封信，收回 200 封。其中最令我难以忘怀的是叶书麟老先生的回信，一字一格，认认真真写了四页半，说实话，看到信，我的眼泪直在眼睛里打转。他那么高寿，眼睛也不是很好，还把规范的征求意见稿阅读后，认真写出回复意见，真令人感动。叶老师提出的几个建议和意见，全部被我们采纳。

叶老师对待学术的认真态度，深深影响了我，在规范宣贯中，我向所有技术人员尤其是年轻的技术人员人展示了叶老师的信，号召大家在当前浮躁的社会环境中，向老一辈专家学习一丝不苟的严谨态度和敬业精神。

受到叶老师的感染，以及前版主编张永钧老师的教诲，经过所有编制组成员的共同努力，2012 版规范出版后未出现内容有误、错别字、格式错误，没有勘误表，延续了前一版规范的优良传统，为规范编制树立了良好形象。

叶书麟老师不仅是享誉全国的学术老前辈，而且是平易近人的老师和父辈。1988 年夏天，《建筑地基处理技术规范》(JGJ 79—91)版在上海同济大学开会编制期间，对我这个来自北方的人生地不熟的小女生，叶老师安排同样参会的自己学生韩杰、叶观宝和周洪涛给予帮助和照顾，致使我和他们的友谊一直续存至今，非常感谢！

在叶书麟老师九十大寿之际，送上自己临摹的油画拙作以表心意。祝叶老先生福如东海寿比南山！

2018 年 4 月 10 日

忆叶书麟教授二三事

白　云

我与叶老师的交往可追溯至我早年的专业生涯。二十世纪八十年代，我主要从事软土地基加固的技术工作，叶老师作为国内这个领域的资深专家，带着我们这些年轻人编写了上海市标准《地基处理技术规范》和《地基处理工程实例应用手册》等著作。作为规范负责人和手册的主编，叶老师对我交给他的稿件每次都审查得非常细致，从公式、图表到文字部分，任何一个细节都不错过，前辈的严谨治学态度给我以后的专业生涯留下了难以磨灭的启示和记印。

今年是叶老师九十华诞，先生耄耋之年，仍然非常健康且思路敏捷，当然得益于我国改革开放后生活水准的提高和上海地区完善的医疗条件，更重要的还应归功于先生勤劳一生和淡泊名利的生活境界。回忆起来，先生早年花费了大量时间所做的学术工作，虽然不算重要的创新，但对我国基坑工程和软土地基加固技术的提升和推广作用却是无人能出其右。

二十世纪八九十年代，我国大规模基建工程方兴未艾。但是，不论是有经验的建设人才，还是现成的规范手册，都极为稀缺，先生主编的《地基处理工程实例应用手册》《既有建筑地基基础加固工程实例应用手册》以及我国第一部地基加固技术的规范等对我们这些当时还是初出茅庐的青年岩土工程师来说，起到了非常重要的指导作用，先生的几部著作我使用至今，可谓获益终生。先生像是我辈的一面镜子，对照先生的严谨治学精神和高尚生活态度，我辈既可自省也可作为鞭策。

光阴似箭，今年是先生的九十华诞，我也开始进入花甲之年，作为晚辈，我真诚祝愿先生健康长寿！

2018 年 5 月 15 日

书海蛟龙　业界麒麟

——叶书麟先生二三事

邱正祥

20 世纪 80 年代后期，我在同济大学硕士毕业后留校任教，曾经与叶书麟先生在同一教研室工作。那时我是毛头小伙，要完成从学生到教师的角色转换，教学、科研、做项目都要从头学起，而叶先生已是同济大学资深教授、系副主任、函授学院副院长，行政工作、教学任务、科研咨询十分繁忙，所以我只能千方百计找空档向叶先生、朱小林先生（我的研究生导师，时任地下建筑与工程系工程地质教研室土体工程组主任）等教授讨教。而他们只要有空，都会给予我热情认真的指导帮助，使我受益匪浅，很快能胜任教学科研工作。叶先生原来在结构工程教研室工作，后因学校院系调整调入工程地质教研室，虽然先前我和他并不认识，也没有师承关系，但他和蔼可亲，不摆架子，一下子就把一批年轻教师吸引住了，所以只要他一有空，我就向他讨教，不论教学、科研、行政、咨询，他都不厌其烦，深入浅出地讲解，和我们年轻人打成一片，所以他是我心目中崇敬的长者。后来我离开同济大学调回常熟，已有 26 年之久，但叶先生认真严谨又平易近人的学者风范给我留下了深刻印象，至今未能忘怀。

孜孜不倦，著书立说

叶先生名书麟，但我们年轻教师背后常叫他“译书灵”，因为叶先生著作等身，成果丰硕，特别是译书甚多。叶先生 1946 年考入同济大学土木工程系，专业基础扎实，英语水平了得，但更让人钦佩的是他的专注与发奋，常常是白天正常上班后回家熬夜加班，主编和翻译出版了多部专著：《土力学及基础工程名词》（汉英及英汉对照）、《地基处理手册》《基础工程手册》（美，译著）、《岩土工程》（澳，译著）、《地基处理》《基础工程学》《基础托换技术》《软黏土工程学》（美，译著）、《上海地基处理技术规范》（DBJ 08-40—94）、《地基处理工程实例应用手册》《既有建筑地基基础加固工程实例应用手册》等，这些专著、译著开创了我国地基处理技术的新天地。无数个夜晚青灯黄卷、孜孜以求，叶先生常常靠咖啡和香烟提神，完成了一部又一部专业大作。记得他常常笑着跟我们说，他的稿费还抵不上咖啡和香烟的支出，却满足了他对事业的执著。在他和其他老教师的言传身教下，教研室的年轻人都很努力，快速成长，在很短时间内成为独当一面的合格教师。

深入现场，解决难题

叶先生主要研究方向是地基基础、地基处理，除了繁重的教学、行政工作外，还要承担大量的科研、咨询任务。从 20 世纪 80 年代后期开始，上海就进入了快速发展的时期，各种大型工程项目快速上马。而在上海这个地基极其软弱如“豆腐”的地区来说，一般的工程都需要对地基进行处理后才可以进行上部结构的施工。为此，针对不同的工程，除了传统的预制桩处理外，还发展出了水泥搅拌桩、粉喷桩、碎石桩、树根桩、换土垫层等多种地基处理方法。因为叶先生是沪上著名地基处理专家，也是国内较早引进国外先进地基处理方法的专家之一，所以当碰到地基处理方面的工程疑难问题时，项目单位总会第一时间咨询叶先生，请先生出场提出处理意见、解决问题，而叶先生也总是不嫌其烦、不计报酬，不论严寒酷暑、不顾年事已高，深入工地现场，提供科学咨询，提出既实用又经济的处理办法，指导项目单位完善方案，确保工程顺利推进。

有一次经历我记忆很深，至今历历在目。那是在 1988 年早春，还是春寒料峭的时候，一个从温州乐清来同济培训的函授生跟我说，他们那里由于靠海，地少人多，老百姓的建房用地十分紧张，而温州地区开放较早，老百姓手头已经比较富裕，大家就在很小的宅基地上建造 5～6 层居住用房。由于没有正规设计和施工，再加上海海涂地基软弱，导致大批民房建成后发生倾斜，影响正常使用甚至危及居住安全。那个学生希望我们去看看，是否可以通过地基处理的办法进行纠偏，去除百姓的心病。他们计划自愿组成纠偏施工队伍，但苦于没有技术，怕不能成功。我把这个情况向叶先生作了汇报，叶先生二话不说，马上答应抽空去现场踏勘了解情况，给予指导。于是，在安排好其他工作后，叶先生、朱小林先生和我在乍暖还寒的早春赶赴温州乐清。那时去温州交通十分不便，没有铁路、公路（温州靠海且是山区），只好先乘海轮到温州，再在温州转乘小艇到达乐清，一路颠簸、一路风尘。到达后大家随即马不停蹄踏勘现场，一家接着一家，所闻所见真是触目惊心！有的民房甚至由于倾斜导致相邻建筑的上部已经碰在一起，仿佛两个朋友头挨着头，确实影响使用、影响安全。两位先生当时都已年近花甲，却不顾舟车劳顿，足足跑了三天，还利用晚上时间开会听取当地村委、村民代表的意见。最后，叶先生给出了处理意见：从地基基础因素出发分析原因，然后从地基处理方案、上部结构改造修复以及荷载分配优化等角度予以解决，并承诺今后在处理过程中碰到问题可随时联系给予指导，当地人员十分感动。

平易近人，关心后辈

叶先生虽身为资深教授，且担任系副主任、函授学院副院长，职位高、工作忙，但对教研室的年轻同志和蔼可亲，关爱有加。对于像我这样刚刚留校任教的外地青年，不仅在教学、科研中指导引导，还在生活中给予帮助关心。90年代初，我刚刚结婚生子，夫妻两地分居，家中老人希望我调回老家常熟，全家团圆。而当时高校教师队伍年龄断档，教研室年轻教师培养起来再流失也十分可惜，因此叶先生听说后，主动提出要到常熟来做我家老人的思想工作，挽留我在同济工作。到了常熟，他与我丈人及丈母亲切交谈，又察看了我在常熟的住房，通过认真分析、两相比较，认为我回到常熟，工作、生活会更方便些。而当时由于同济年轻教师很多，像我这样两地分居无住房的情况也不少，一时也确实难以解决。因此，叶先生非常实事求是，回到上海后，他也不再挽留，反而做起了系里其他领导的思想工作，让我得以顺利调回常熟。

这些我与叶先生交往的“小事”，至今萦绕在我心间，使我终生难忘。虽然我离开了同济大学这座培养我成长的摇篮，离开了像叶先生这样循循善诱关爱后辈的师长，离开了曾经挚爱的学生，但叶先生刻苦发奋的专业精神、勤奋踏实的工作作风、慈爱感人的长者风范，激励着我在不同的岗位上对标定位，勤恳工作，也为家乡的发展作出了一点贡献，我以为应该没有辜负叶先生的谆谆教导和殷切期望。今年是叶书麟先生 90 岁华诞，我写下与叶先生的交往点滴，心中充满感恩之情，在此也衷心祝愿叶先生健康长寿，颐养天年！

2018 年 3 月 30 日

为 师 楷 模

徐 超

与叶书麟教授第一次认识是什么时候？我使劲回忆，还是不能确定。是读研究生期间某一天在管理楼，拟或是留校后参加全系的教工会议（因为叶教授曾经有抽烟的习惯，常随身带个小瓶子当烟灰缸，以避免烟灰落在地上。此举动给我留下了很深的印象），也可能是参加国内某次学术会议听叶教授的报告。什么时候认识已不重要，自从认识以后，每次提到叶书麟先生，心中总是暖暖的，令人敬佩！

我1984年考入同济大学水文地质工程地质系水文地质专业学习，1991年继续研究生阶段学业，研究方向是地下水。当时学校的办学思想受苏联模式影响至深，课程设置上强调“专”，过于狭隘单一。因而整个读书期间，无缘聆听叶书麟教授的教诲。

留校工作以后，基于业务牵引和科学研究的需要，开始自学地基处理理论和专业知识，拜读了大量叶书麟教授的著作和译著，领略了叶先生高才博学、学贯中西的风采。不仅读叶教授的书，也多次当面请教一些深奥的学术问题，叶教授都耐心深入地给以指导。到目前为止，地基处理一直是我的主要研究方向之一，这与叶教授的指导是分不开的。从这个意义上，我就是叶书麟先生的弟子。

虽然我参加工作后不久叶教授就退休了，但我记得很清楚，叶先生只要不出差几乎每天到系里上班，如有问题请教，总能在退休教师办公室找到先生。后来接触多啦，除了在学术和技术问题上给以指导，叶先生也会谈到为人做学问的道理。我记得叶教授教导我要广泛地与国内外学者开展学术交流，积极参加本领域学会的工作，为人友善，治学严谨等。其实，叶先生身教胜于言教，他老人家无论在师生中还是学术界，是真正的为师楷模，业界翘楚。我印象非常深刻的一件事是，当知道我在研究土工合成材料时，叶教授特地将收藏的大量土工合成材料技术文献资料送给我，并殷切指出这是很有发展前途的交叉学科，叮嘱我多花些精力。一是要了解土工合成材料在国外的发展历史和取得的成果，二是要结合我国的实际情况、工程应用等，开展系统而深入的研究，相信我一定能取得成功。

2018 年，叶书麟教授九十大寿，我也毕业 30 年啦，真是感慨万千。回顾我自己的学术生涯，谨记先生的教诲，一直以地基处理、土工合成材料等作为我的主攻方向，取得了一些成绩，感谢叶先生！有一次到先生家拜访，由于师母不认得我，叶先生向师母介绍说：徐超不是弟子，胜似弟子。我以此为傲！

2018 年 4 月 25 日

一本传播软黏土知识的译著
——《软粘（黏）土工程学》

高彦斌

对每一名科技工作者，总希望在自己的工作领域能有这样一本著作，既能够学习到渊博的知识，也能帮助自己开阔眼界、思路和思想，成为指路的明灯。然而茫茫书海中，发现一本好书有时需要一些运气。这里介绍一本这样的好书，叶书麟老师和宰金璋老师主持翻译的《软粘(黏)土工程学》。

我毕业留校后的工作部门是由原"土体工程教研室"改建的"地基加固与测试技术研究室"。软黏土的特性、测试方法、勘察评价与地基处理是这个教研室许多老前辈钻研的方向，他们做出了卓越的成就。耳染目睹的影响，我也选择了软黏土作为自己的研究方向，希望能够在前人工作的基础上做出一些成果。而受那个世纪之初的上海乃至整个沿海软土地区大规模工程建设时代的影响，学以致用的思想自然也很强烈。

软黏土作为一种特殊土，在许多著作和教材中均有介绍，如同济大学朱小林老师编著的《土体工程》对软黏土勘察评价的介绍，南京建筑工程学院高国瑞老师编著的《近代土质学》对软黏土地质成因和结构性的介绍，国外太沙基和派克所著的 *Soil Mechanics in Engineering Practice* 对软黏土力学特性和工程应用的介绍。关于软黏土的文章也很多。但一直没有发现一本系统归纳和评价这类特殊土各方面研究成果的著作，因此在理论和实践结合方面总有不少困惑。

记得是在某一篇论文的参考文献中，了解到了《软粘(黏)土工程学》这本中文书，赶紧从旧书网上买了一本。这本书由 E. W. Brand 和 R. P. Brenner 博士主编，由四大洲十二个国家的二十一位从事软黏土研究工作的著名专家和教授根据自己的特长编写，英文版出版于 1981 年。该书后来由叶书麟老师和宰金璋老师主持翻译，同济大学多位老师参与翻译工作，于 1991 年出版了中文版。该书全面阐述了软黏土的工程地质、勘探评价和力学特性，以及软黏土地区的基础工程、固结沉降、基坑工程、隧道工程等工程问题的分析方法。这本书内容丰富，涵盖了关于软黏土方方面面的知识；而且又具有一定的深度，反映了当时最先进的研究成果，至今也不过时。这本书的翻译质量、语言表达和排版质量都很高，学习起来效率很高，自己的许多困惑都在其中找到了答案。尤其是在理论联系实践方面，该书介绍的软黏土工程地质学原理以及软黏土工程问题的独特分析方法对自己的后来的研究工作影响很大。

《软粘(黏)土工程学》这本书在世界软黏土工程学上具有里程碑式的意义，是那个时代人们智慧的结晶。相信同我一样，国内很多人也是从这本中文版译著中找到了打开关于软黏土工程学奥秘的钥匙。在国内工程建设方兴未艾的今天，相信这本中文版译著仍然会在继续闪耀光芒，在国内软黏土工程界和学术界产生积极的作用。在叶书麟老师九十大寿之际，以此文表达一名普通读者对叶老师以及其他参与此书翻译工作的所有老师的敬意。祝叶老师健康长寿！

2018 年 4 月 2 日

同济同事

谦谦长者 良师楷模

魏道垛

接到叶书麟老师庆生文集征稿邀请函，十分高兴。因为，我可以因此获得机会用文字表达我对叶老师九十华诞祝福，以遂为他贺寿的心愿。同时，又可以用文字表达我对叶老师所给予我的思想上、工作上直至生活上的帮助和教诲的感激之情。

我在 1961 年初分配到地基教研室时，叶老师已经是教研室的副主任。因学习课题的安排，我没有直接受教于他。但是在每星期的教研室例会上，我认识并逐渐熟悉了叶老师，也知道他是教研室中身兼地基基础和结构工程两项专业的老师，这对于还没有脱离学生身份的我，心中很自然地涌起钦佩和崇拜。其实，叶书麟老师平时给我印象很好，待人和气，平易近人，没有什么老师的架子，又胸怀两门学问，因而我对他很是尊敬。

“文革”有一段时间渐渐趋于理性，我们教研室老师分批分片走出校门“复课闹革命”，“开门办学，接受工人阶级再教育”，获得“解放”的叶老师，被推上领衔出征的位置，先后带领大家到上海焦化厂扩建工程、杨浦电厂地下油库工程、浏河地下核废料仓库工程等项目的现场进行“现场教学”。叶老师渊博的学识、严谨的学风、认真负责的工作态度以及谦和宽厚的待人品格，很快获得一起工作的老师与合作单位的同行的信任和拥戴。记得在焦化厂扩建工程现场，我们吃住都在工地，而且和同样“接受工人阶级再教育”

的设计方上海民用建筑设计院的王迪民、李治凡小分队进行合作。王、李也是同济的毕业生,也曾是叶老师的学生辈,因此对叶老师十分敬重,大家的合作默契而愉快,建立了深厚的情谊。当年,为了焦化厂85米烟囱的设计方案,双方都本着创新的意愿,互相配合,相互信任,一致同意采用当时很流行的薄壳基础,并交由随队到现场的郑大同教授设计计算,在出施工图的当晚,叶老师和王、李等人最后审图把关,直至深夜。虽然,签图纸是由王、李等署名,但在审图过程中他们十分尊重叶老师的意见。当年挑灯夜战、合作攻关的情景,若干年后回想起来,依然历历在目,十分令人感动。这些成绩,叶老师居功至伟。由于交情至深,故当大家都步入古稀之年、退出一线后,曾由王、李诸人发起,在上海徐家汇的青松城,我们还举行过一次难忘的聚会,大家以茶代酒,回顾往事,叶老师的人格魅力、双方合作的友谊和当年取得的业绩都是与会诸人主要的话题,给人印象深刻难忘。

在那段日子中,我参加了焦化厂的扩建工程现场工作,因此能够近距离地学习叶老师的学识和工作作风,体验他的言行为我们群体和我们学校带来的荣誉。当时,我毕竟还是岩土工程的一员新兵,在这段工作实践中收益良多,从具体的业务到与同行合作中的相处,都增添许多真切的感悟。后来,我又接手叶老师转交给曹名葆老师执行、曹老师因出差贵州而转交给我的浏河地下核废料储库工程的设计任务,直至交出全套施工图纸。同时还和建设方、施工方进行了多次协调。而这一项任务,使我有机会直接找到叶老师当面请教,接受指导。叶老师深入浅出地点拨解惑以及对成绩的赞许鼓励,都使我受教良多,增长了许多业务知识,也提高了独立工作能力。

当年,我是叶老师的学生辈,但也是同一个教研室的同事,所以,我把叶老师当作自己的老师对待。日常接触中,虽亦师亦友,涉及的还是业务知识居多,思想上交流不多。但是,叶老师对我却是十分关切,除了涉及的业务方面工作外,他也注意到了我分居两地的情况。在我的女儿出生之前,正赶上我们都按照“一号通令”疏散到罗店农村去“接受再教育”(不久,叶老师就从罗店抽调回校，带队去杨浦电厂进行地下油库现场设计），学校大半人去楼空。以致我女儿出生以后，只能暂时借住在学六楼招待所里，我则罗店农村和学校两头跑，基本上是我内人一人带着婴儿吃食堂坐月子。这种窘境不知如何被叶老师知悉，一天下午，他带着烧好的菜肴，寻找到我借住的招待所房间来探望我们。那是那一年（1971 年）的一月份，看见叶老师冒着严寒前来看望，我们惊喜之余只有感动。叶老师关切地询问了月子饮食情况，叮嘱我们要给婴儿被盖暖和，等等。今天回想起来，依然清晰，依然感动。其实，我内心也十分明白，叶老师对我的关心，不仅在我的工作和生活方面，更重要的还包括政治思想方面。在我的心中，一直默默地铭记着、默默地感恩着的还有：叶老师是第一位谅解我的老师。这更加鞭策自己，认真反思，让自己政治上成熟起来。

改革开放以后，在叶老师领衔主持下，我参加了多项学术和技术研发工作，包括翻译英文版的《黏性土地基》，“宝钢工程中的粉煤灰加固利用”等项目。后来，他选择专攻地基处理，教学科研和工程实践一齐铺开，出书编著不断，在专项领域干得风生水起，为我们的岩土工程学科打造出令人瞩目的方面军，为我们学生辈树立了新的榜样。我在敬佩学习之余，内心常常默默地祝福他，祈望他因此开心、平安、健康。叶老师蜚声业界，也使我有了更多依靠。我在退休前后进行的诸多岩土工程项目中，每遇到方案讨论或是技术评审，都会邀请叶老师前来协助把关，或是来助阵。20 世纪 80 年代后期，为配合岩土工程大体制的建立和调整，当时的国家地质部的相关部门启动一线员工培训工作，需要编写相关的教材。应同行们的邀约，我参加了这本教材（后定名为《岩土工程的勘察设计与施工》，由地质出版社出版）的编撰工作。我们组织了国内地质、岩土方面的专家学者分工编写，最后请叶老师、熊大阅大师和朱小林教授主审。叶老师的学识、学风，工作态度，人格魅力再次为同行所折服，若干年后的微信年代，同行们还念念不忘尊敬的叶老师。

叶老师退休以后，初始还参加规范编制等工作。后年事渐高，腿脚渐感不便，听力和视力功能减退，因此不常外出活动。所以我也不敢再因工程上的事过多打扰他。但是叶老师仍然如常地保持对老同事特别是地基教研室老朋友们的关切，或是通过电讯邮件等保持着联系。也正是因为叶老师依然关心着老同事们，所以，在最近的一件“插曲”的处理中，我再一次受到教育，又再一次感激叶老师的关爱。

我们教研室的朱百里老先生和叶老师是同届同学，彼此交往，相互关切。2015 年元旦前后的一天，叶老师下楼拟出门，在推开铁门走出的一瞬间，他看见老同学匆匆从门前走过，边走边口中念叨着什么，还高声喊叫一两声，叶老师感觉他表现异常，想快步跟上，无奈腿脚不方便而拖后。期间，迎面而来的人见到朱老师此情景，却也只是看看，不知所以。后来，叶老师在新村里的老年活动中心，见到朱老师，和他做了一次长谈，知悉老先生近来忽然纠结起“文革”中的不愉快往事，并要求当时担任党支部负责人的我为此给个说法。对此，叶老师主动与他进行了沟通疏导，暂时平复了朱老师的心情。再后来，当叶老师知悉（实际是叶老师那天也参加了座谈会）我因朱老师提出的要求而心情有些紧张和忐忑时，他又在元旦前寄给我的新年贺卡里，介绍了他所了解的朱老师的心结以及他主动对老先生所进行的疏导，同时又对我作了疏导和劝解。看着贺卡上那逼仄的版面里，叶老师书写的那略显歪斜的小字（此前我已知悉叶老师因年事已高，视力衰退，写字时手颤抖且很感吃力）以及字里行间那充满温馨的关切和诚挚的劝解，我的眼泪情不自禁地夺眶而出，心里轻轻喊着“理解万岁”。发生在 2014 年底左右的这个小反复、小插曲，虽然已经过去了三年多，对于作为当事人的一方，我并未掉以轻心，责任感要求我必须直面这个“矛盾”。可能是叶老师主动进行的思想工作产生了效果（当时我并不知道此情），所以，当我主动上门试图和朱老先生面对面沟通时，却被其两次婉拒。此后，约半年时间，朱老师因病逝世，我自己没能来得及在他生前很好地和他面对面沟通疏解这件事，也就成为绝憾。虽然，我去重症监护室探视他时，他曾睁开眼睛，和我点了一下头，但这毕竟是无言的沟通啊。回过头来看，在这段特定的日子里，叶老师的思想工作，对我来说是一种政治上和精神上的关爱，也是对我应做的工作的默默支持。所以，作为纪念，也为了感恩，铭记叶老师的关切和爱护，我迄今仍细心地保存着这张贺卡。看见它，就会想到叶老师对后辈的我的关爱和支持，对我自己也是一种警醒。

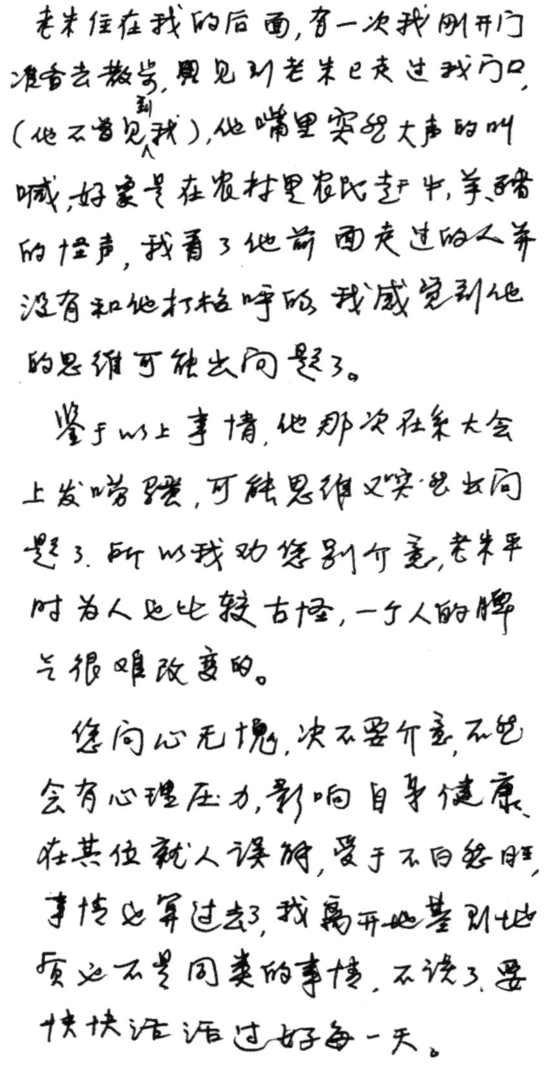
老朱住在我的后面，有一次我刚开门准备去散步，只见到老朱已走过我门口，（他不曾见到我），他嘴里突然大声的叫喊，好象是在农村里农民赶牛、羊、猪的叫声，我看了他前面走过的人并没有和他打招呼的，我感觉到他的思维可能出问题了。

鉴于以上事情，他那次在系大会上发牢骚，可能思维又突然出问题了。所以我劝您别介意，老朱平时为人也比较古怪，一个人的脾气很难改变的。

您问心无愧，决不要介意，不然会有心理压力，影响自身健康。在其位被人误解，受了不白冤枉，事情也算过去了，我离开地基别性质也不是同类的事情，不谈了，要快快活活过好每一天。

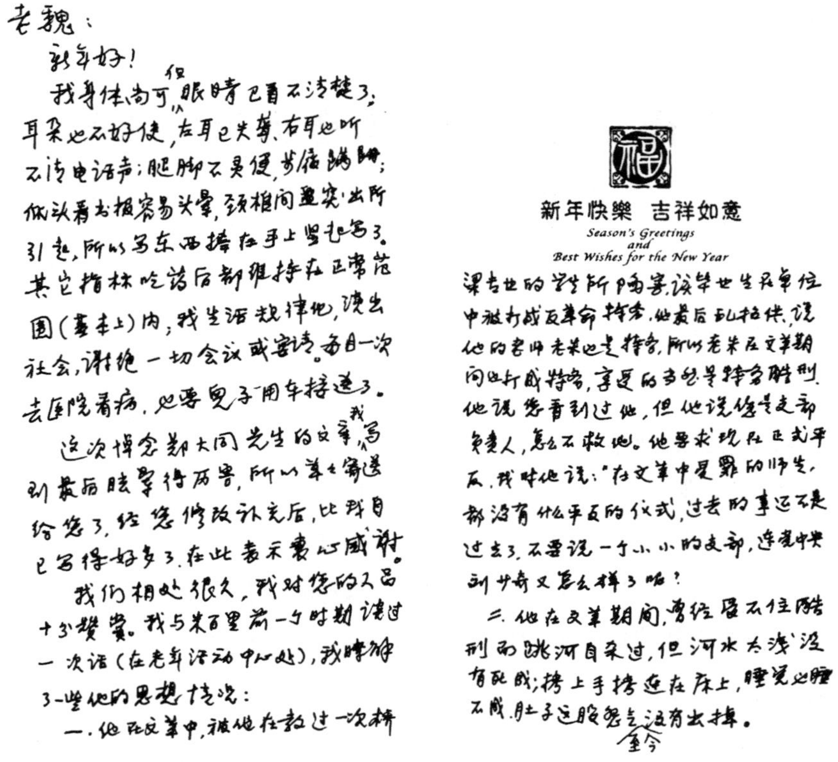
老魏：
新年好！
我身体尚可，但眼睛已看不清楚了；耳朵也不好使，左耳已失聪，右耳也听不清电话声；腿脚不灵便，步履蹒跚；低头看书报容易头晕，颈椎间盘突出所引起，所以写东西捧在手上写也写了。其它指标吃药后都维持在正常范围（基本上）内；我生活规律化，淡出社会，谢绝一切会议或宴请。每月一次去医院看病，也要儿子用车接送了。
这次悼念郑大同先生的文章，我写到最后眩晕得厉害，所以草草寄送给您了，经您修改补充后，比我自己写得好多了。在此表示衷心感谢。
我们相处很久，我对您的人品十分赞赏。我与朱百里前一个时期谈过一次话（在老年活动中心处），我了解了一些他的思想情况：
一．他在文革中，被他在教过一次的学生所陷害，该学生在单位中被打成反革命特务，他最后乱招供，说他的老师老朱也是特务，所以老朱在文革期间也打成特务，享受的多数是特务酷刑。他说您看到过他，但他说您是支部负责人，怎么不救他。他要求现在正式平反，我对他说："在文革中受罪的师生，都没有什么平反的仪式，过去的事还不是过去了，不要说一个小小的支部，连党中央刘少奇又怎么样了呢？
二．他在文革期间，曾经受不住酷刑而跳河自杀过，但河水太浅没有死成；携上手铐连在床上，睡觉也睡不成，肚子这股怨气没有出掉。
书令

叶书麟老师寄给魏道垛贺卡扫描件

晚年的叶老师，内心依然保留着对地基教研室的依恋，有一次对我表示，他还是对老地基最感熟悉和友好，此话让我激动不已！继而，也使我反思和自责，只能说我的能力不济，我的工作没有做好，让他受到了委屈，总是有愧疚于叶老师。这次有机会参加叶老师九十寿辰庆生文集征稿，通过文字得以表达对他的高风亮节、人品操行、学术造诣的敬佩和学习，对他给予我的帮助表达感恩之情。祝福叶老师华诞快乐，平安、健康、长寿。

2018 年 3 月 5 日

回望情谊逾花甲　祝愿福寿暨延年

祝贺叶书麟教授九十华诞

高大钊

我和叶书麟老师相识于六十年前，在我们系的建系初创时期。1958年7月，我刚做完毕业设计，路桥系总支就通知我马上到当时正在筹建的水工系报到，担任水工系的团总支书记，参加系的筹建工作。当时，从桥隧教研室、圬工教研室、力学教研室和水力水文教研室调来了许多老师，以加强工程地质教研室和地基基础教研室，筹建水工结构教研室和陆地水文教研室。叶书麟老师也是在这个时期从圬工教研室调来我们系的。

1958年年底，教育部在北京举办"教育革命"成果展览会，叶书麟老师和我一起去参观，在北京相处了一个多星期的时间。我们住在北京阜成门外的交通部招待所里。那时候，阜成门的城楼还在，西四还有牌楼，老城基本上保持了老北京的风貌，我们是在北京过的1959年的元旦。

这是我第一次去北京。当时从上海到北京的火车要走一天一夜，从南京到浦口是采用火车轮渡的方法过长江，把一列火车拆成三段，分段推上轮渡，到达浦口以后再分段上岸拼装成列，过长江就需要花整整2个小时的时间。那时，火车到达北京停在前门车站，车站广场并不很大。记得那是初春北京的清晨，寒风凛冽，冷气逼人，一派北国的风光。我们在沙滩换车时，那里的马路开阔，在晨雾中遥望远处的大屋顶，在迷蒙中显得格外的神秘和庄重。叶书麟老师于1957年曾经在清华大学进修了一年，在北京住过比较长的时间，对北京有一定的了解。因此在当年，他给我这个初到北京的年轻人，讲了很多关于北京的历史、文化和城市变迁的情况。

这是我和叶书麟老师第一次较长时间的相处，他待人和蔼可亲、平易近人，给人留下非常深刻的印象。从这次北京之行，开始了我们两人之间长达半个多世纪的友谊。

一年以后，我调到地基教研室任教，就在叶书麟老师的直接领导下工作，他给我很多的帮助和指导，让我很快熟悉教研室的工作情况，了解教学的要求和教师工作的特点。可以说，叶书麟老师是我从事教育工作的引路人。当年，他担任地基教研室副主任，协助俞调梅先生工作。有一段时间，我兼任了地基教研室的支部书记，我们一起工作了好几年，三个人的领导班子团结得非常好。叶书麟老师能很好地贯彻党的方针政策，非常尊重俞调梅先生，在试办地基基础专业的同时，组织教师上好各个专业的土力学与基础工程的课程，开展教研室的各项工作，直到“文革”开始，我们才被迫中断了教研室的工作。

在那初创专业的时期，教研室来了许多年轻的老师，需要安排他们的工作与学习，为他们指定中年教师担任指导老师；对于兄弟学校来我们教研室的进修教师，要安排进修计划和导师；对于各个专业的土力学、地基基础课程，安排了大量教师上课，并组织教师听课，研究教学法，组织编写教材；对于地基基础专业的学生，更是倾注了叶书麟老师大量的心血，他组织制订地基专业的教学计划，安排教师开出了一系列专业课程和实习的项目，写出了一套专业的教材，一个新的专业正在逐步成形，而且从 1962 年开始就陆续有学生毕业了。几十年间，很多毕业生在事业上取得了许多的成就，不少人成为地基基础学科某些领域里著名的学科带头人，他们都不会忘记在读书的年代，从叶书麟老师那里所受到的教益。

叶书麟老师和学生的关系非常密切，他十分关心学生的学习与成长，善于做学生的思想工作，在各个年级的学生中都有许多忘年交，在吴泾电厂工地与学生的密切交往是非常生动的一个例子。

1965 年下半年，学校组织学生参加城市四清运动，工作团的团长是王涛校长，团部驻市建七公司。地下系组织了地基专业 66 届毕业班到吴泾电厂 30 万千瓦机组建设工地参加四清运动，由张问清老师、叶书麟老师和我三人带队。吴泾电厂工程的四清工作团团长是华东电力管理局的于局长，副团长是水利电力部的史处长，他们对我们学校参加的师生都非常关心。安排学生分别参加各个工程队的四清工作队，我们三个老师参加工作团的活动，但以做学生的工作为主。工作团安排了一间工棚作为我们的宿舍和办公室，我们三人朝夕相处了半年，一起生活，一起学习，一起做学生的思想工作。经过这半年的时间，我对两位老师有了更贴近的了解。他们都是从圬工教研室调到地基教研室来的，在结构系的时候，叶书麟老师就是张问清教授的助手了，他们长期从事结构工程的教学与设计、研究工作，在非常熟悉结构工程的基础上，转到地基基础的领域里非常得心应手。设计了同济大学的教学大楼、实验馆、教工宿舍和学生宿舍楼。记得叶书麟老师对专业的关系说过一句名言："土力学加钢筋混凝土那就是基础工程。"这句话是他对这几个学科之间内在关系的深刻理解，也勾画出他这几十年从事专业工作的成长路径。

在那半年的相处中，两位老师对年轻人的关心和诲人孜孜不倦的精神对我有了很大的教育意义，我对两位的为人也有更多的了解和直接感受。吴泾电厂 30 万千瓦机组的建设工程在当时是一个很大的建设项目，对我们确实是一个很好的联系实际学习工程知识的机会。两位老师当然更不会放过这个绝好机会，他们利用当时工地的条件，有计划地结合电厂的工程建设项目内容，给学生讲解电厂建设的一些业务知识，包括电厂各个车间的作用、各部分厂房的结构特点、钢结构和钢筋混凝土结构的设计与施工，这些教学活动受到了学生的热烈欢迎。但这些做法却在后来的"文革"中受到了严厉的批判，认为这是业务冲击政治运动的典型。

其实，这个时期的张老师和叶老师，还充分利用与学生同住在一个工地的绝好机会，和学生促膝谈心，做了大量的学生思想工作。在这场四清运动中，学生怀着非常纯朴的感情参加，以为可以学习到许多在学校中学不到的知识，但当学生真正接触到这一场政治运动时，自然产生了各种不同想法与苦恼。很多同学来找张老师和叶老师谈心，两位先生们根据自己的认识和理解，耐心地与学生彻夜长谈，积极地加以疏导，这在那种历史条件下，实在是非常难能可贵，这个班的学生在半年的工地生活中与两位老师建立了非常深厚的感情。多年以后和有些当年的学生相遇，当和他们谈起这些往事时，他们都有非常深刻的感受，至今仍深切地回忆、怀念与两位老先生之间密切的师生之情。这仅是叶书麟老师关心学生成长的一个例子，在漫长的从教岁月中，他经常带学生到工地实习，参与、检查在工厂、桥梁等基础工程工地的教学、实习活动，无论是闵行重型机器厂还是张华浜码头，是南京长江大桥工地还是九江大桥工地，都有叶老师带学生参观实习，为学生上课或者检查教学工作的身影。

在准备这篇小文的时候，我寻找当年拍摄的照片，终于找到了叶老师的五张照片。第一张是叶老师在南京玄武湖拍的单人照，时间是在1969年的元旦，估计那是在“复课闹革命”的时候，他带学生在南京工地进行现场教学，是在玄武湖拍摄的；第二张是叶老师和地基专业66届毕业班的全体团支部委员一起拍的照片，在这张照片中还有祝龙根老师和我，记得当年祝龙根老师担任这个班级的班主任；第三张是我们三个人的合影。第四张是我们三人和很多同学一起拍的照片，这张照片虽然人比较多，但还是能比较清晰地看清楚许多学生的相貌特征。这四张照片拍摄的时间估计都是在四清运动结束以后，第二年的年初，在一次班级活动时拍摄的。第五张照片是和1985年的进修班学员的合影。这些照片都是在几十年前拍的，留下了当年叶书麟老师的风貌和与学生间亲密无间的师生情谊，特别珍贵。

叶书麟老师在南京

叶书麟老师和地基专业66届团支部委员合影
（前排，左1：叶书麟；右2：高大钊；后排右1：祝龙根）

我们三个人（左起：叶书麟，祝龙根，高大钊）

叶书麟老师和地基专业66届同学合影

(二排右3、4、5分别是叶书麟、祝龙根、高大钊三位老师)

第七期进修班结业时合影(前排左5为叶书麟教授)

“文革”期间的十年，我多次离开教研室到处漂泊，和叶书麟老师虽然还时有见面，但很少有可以在一起工作的机会了。

教研室恢复以后，我们又在一起探讨如何为社会培养地基基础人才，进行过社会专业调查，办过研究生班、施工干部班并探索以各种不同的方式办过多期的岩土工程师进修班。1985 年 1 月，第七期进修班结业时，叶书麟老师和大家一起合影的照片。当年，我们一起办过十多期的这种进修班。

而后，在二十世纪八十年代的中、后期，我们两人先后都从地基教研室出来，担任了学校有关行政职能部门的领导工作，但我们都没有放弃学术生涯，依然坚持双肩挑，在自己所研究的领域中努力。叶书麟老师到系里工作，后来到函授学院任职；我到学校办科技咨询服务部，后来在科研处任职。几十年间，我们两人都在地基基础学科的相邻而又是不相同的分支学科领域里耕耘。

在学校工作的那些时间，在学校的会议上我们还可以时有见面，打个招呼，但相聚的机会毕竟是不多了；在社会上，他主要在地基处理学科的领域中发挥自己的才能，而我则主要在岩土力学和岩土工程勘察方面的领域内工作。应该说，我们两人都很努力工作，学术上也都有所建树，但是因为领域相近而不相同，因此，无论是组织学术会议还是担任学会的领导工作，无论是编著手册或者是出版专著，常常只能是“擦肩而过”，很少有机会能再像当年那样可以在一起工作了。

记得有一次，是上海市土木工程学会的土力学与基础工程专业委员会改选。那年，俞先生他们这一辈老先生们几乎是集体退出了学会的领导层。按照当时由各个单位轮流主持的安排原则，这一届应该由同济大学出任主任委员。当时，叶书麟老师是上一届的副主任委员，换届出任主任委员是顺理成章的事情。但是，不知是出于什么原因，出乎意料的是主任委员的人选竟是一个从不搞土力学与基础工程的人空降，担任这个“土力学与基础工程专业委员会”的主任委员。

对于这件事，我上书给上海市土木工程学会的领导提出了异议，建议应该按历年安排的原则，由从事土力学与基础工程学术工作的叶书麟老师出任主任委员。在当时几乎引发了一场“地震”，由孙更生先生出面做我的工作，希望我不要坚持这个意见，以利换届的进行。当时，我是看在孙更生先生的面上，才没有进一步据理力争。但是，我始终认为，这件事表明上海市土木工程学会的领导听不进不同的意见，办事缺乏必要的原则，缺乏民主办学会的作风。从此我不再参加上海市土木工程学会土力学与基础工程专业委员会的任何活动。接着，我就在上海市力学学会中成立了岩土力学与工程的专业委员会以示抗议。但对于这些事的前前后后，叶书麟老师肯定是一点都不知道，这也就是所谓的我们两人的又一次"擦肩而过"了。

最近20年来，因为我不住在同济新村，而与叶书麟老师的见面机会不多，有时我们教研室的几个老人相约见个面才能见一次。前几年我到新村理发时还常能在新村的路上见到他，我说我们真是有缘的，我难得来新村，会在路上不期而遇。但是近年来，叶书麟老师因为年迈，下楼少了，我们见面的机会就很少很少了。

转眼间，几十年过去了，回首往事，犹如昨天，忆往抚今，无限感慨，谨作小诗一首送给叶书麟教授，祝贺他九十大寿：

识君转眼六十春，尤记初聚北京城；
吴泾工地教群孺，史无前例数沉沦。
办学十年非常事，喜看学子事业成；
任职行政遥相望，难得笔耕老年春。
回首相聚共事日，友情更比往年深；
祝君长寿又健康，但愿祖国更强盛。

2018年3月9日

基础托换的领军人　小桩技术的开拓者

宰金璋

叶书麟教授从事结构工程和岩土工程六十多年，特别是在岩土工程的教学与科研中做出了许多突出的贡献。先生凭借深厚的结构工程功底，在岩土工程的理论与实践中进行了许多开创性的探索，取得扎扎实实的成果，成为基础托换的领军人和小桩技术的开拓者。

20 世纪 80 年代开始，我国在全国各地广大的地域大规模地展开经济建设，在高层建筑、深基坑开挖、地下铁道施工、旧房加层、城市改造、古旧建筑的保护等建设工程中，出现房屋下沉、倾斜甚至倒塌、地面和道路剧烈下沉、地下管线移位断裂乃至煤气管爆炸等各种各样复杂而棘手的难题。解决这些问题需要综合运用结构工程和岩土工程的理论与方法，于是催生并推动了基础托换技术的发展。

叶书麟教授敏锐地关注到这一问题的严峻性与紧迫性，带领他的团队，一方面努力吸取国外托换技术的经验，一方面深入实际工程，从调查研究入手，直接参与工程勘测、设计、试验、施工、监测，从实际工程的实践中分析总结，上升到理论，逐步使新技术规范化，从而使之得到推广应用。

叶书麟教授于 20 世纪 80 年代将欧美用于古建筑加固和托换工程的树根桩概念引入我国，首先在苏州虎丘塔基础加固工程中进行了树根桩的设计和成桩施工试验。桩体质量良好，实践证明，所采用的设计和施工工艺合理可行。随即在上海软土地基中开展了全面系统的实验研究。为了确定软土中树根桩可靠、可行、合理的结构构造、施工工艺，揭示树根桩的承载性能以及承载力的确定方法，并比较竖桩和斜桩的受力性能，1983 年在上海新卫机器厂加固改造工程现场进行了大规模的试验研究。包括树根桩的配筋、骨料、浆液配方等设计参数，竖桩与斜桩的施工工艺，单桩与群桩的承载力试验，短桩与长桩的对比试验等系统性的试验研究。为了完成这个大规模的试验，还专门设计制作了小型轻便的组合式试桩架。试验成果不但为该加固托换工程提供了全套的施工设计参数和依据，而且为树根桩的推广应用和工程规范的编制提供了重要的、宝贵的借鉴和依据。

树根桩作为一种小直径、结构可靠、机具矮小轻便、施工简便的特殊桩型，特别适合用于低矮空间施工，因此在基础托换工程中获得广泛应用。

在树根桩显现出小桩技术的特殊优越性之后，多种小型的桩型陆续在各种托换工程中涌现出来。

利用锚杆和千斤顶将小断面的预制钢筋混凝土桩分段相连，逐段压入土中，借以支承基础荷载。锚杆静压桩也因其施工设备小巧，便于室内施工，质量可靠，被广泛应用于基础托换工程。

运用经改进的小型地质钻机和注浆技术相结合，创造出的微型钢管注浆桩，以小直径厚壁钢管为支承构件，以水泥粉煤灰为胶结材料，采用高压注浆技术对土体实施挤密，产生一定的加固作用，从而获得较高的承载力。由于其具有较强的钻孔能力，能够直接钻穿混凝土和块石，而且可根据需要，做成任意角度的斜桩。所以，尤其适用于复杂地层条件下的基础托换工程和地基加固、建筑物保护等特殊工程。

微型钢管注浆桩在上海等地区被广泛应用于基础托换、房屋纠偏和建筑物保护等工程。苏州惠氏制药公司扩建工程就是一个成功的案例。该公司为扩大生产，需要厂房加层并增加设备。而原厂房为块石填埋地基上的独立柱基，且基础上又回填了较厚的碎石与块石。若采用扩大原基础的方案，则须大面积挖去厂房内的填土，工程量太大，且工期长、难以实施。经过反复论证，最后决定采用微型钢管注浆桩对原有柱基础进行托换加固。该方案具有以下几方面的突出优点：一是无须大面积挖除原厂房地坪和填土，只需将原柱基顶面暴露出来，从而大大节省了施工工程量和工期；二是在进行基础加固施工的同时，可对上部结构进行加固施工和设备改造，从而最大限度地提高了扩建工程的效率和进度；三是本方案提供了最大限度地控制并减小由于增加上部结构和设备荷载而可能引起的附加沉降及不均匀沉降的绝佳条件。

为了利用这个“绝佳条件”，最大限度地控制并减小由于增加上部结构和设备荷载而可能引起的附加沉降及不均匀沉降，并保证厂房改造所增加的荷载全部由加固桩承担，而不增加原有基础板的受力，在加固方案中进行了创新的特殊设计：微型钢管注浆桩与基础板的钻孔孔壁之间保留适当的缝隙，即暂时不让上部结构荷载传给原有基础板；在结构柱的跟部设置钢筋混凝土牛腿；利用钢筋混凝土牛腿，借助千斤顶对微型钢管注浆桩进行预加载，将相当于厂房加层和增加设备所增加的荷载施加到加固桩上，借以保证原有基础所承受的荷载维持在原有水平上。当厂房加层和设备安装完成后，将加固桩顶部钢管与牛腿顶面的预埋钢板焊死，再将微型钢管注浆桩与基础板之间的缝隙进行灌浆锁定，完成基础托换加固工作。整个施工过程经过严密的信息化控制，取得了十分满意的结果。厂房扩建加固工程完工后，建筑物的沉降十分微小而且均匀。

大量工程实践证明，小桩技术具有突出的优越性：加固的有效性，施工的灵活性和便利性，加固质量的可靠性以及经济性。因此，小桩技术在房屋保护、建筑物加固、建筑物纠偏和基础托换等工程中获得了广泛的应用，显示出强大的生命力。可以预见，小桩技术还将不断地得到创新和发展。

几十年来，叶书麟教授团结带动国内高校、科研院所、设计院和施工单位相关的科技人员和师生，脚踏实地，不断探索、试验、研究、实践、总结，开拓前进，解决了大量的各种复杂的技术难题，完成了国家的重大工程。在此基础上，参编了国家技术行业标准《既有建筑地基基础加固技术规范》；主编了《既有建筑地基基础加固工程实例应用手册》和《基础托换技术》等重要著作，这些技术理论继续有效地引领着并有力地推动了我国基础托换工程技术不断向前发展，为国家建设发挥重要作用。

2018 年 3 月 27 日

德高望重的好老师——叶书麟

曹名葆

我于1960年毕业后，调入土力学基础工程教研室，叶老师是当时教研室副主任，他拥有渊博的钢筋混凝土知识，在基础工程领域造诣很深，所以当时被认为是室里基础工程两位突出老师之一。鉴于当时诸多国内形势的影响，没有与叶老师有太多的接触，直到1973年后，才逐渐有工作、生活上的联系。其中，有如下的几件感人之事，终生难忘。

他是引领我掌握英语的好老师

改革开放后，国外科技图书资料的引进、电子计算机语言（BASIC、ALGOL、FORTRAN等）的应用，亟待需要英语方面的知识，尤其是计算机打印出来的信息（包括计算机出错信息）都是用英语表达，可是当时不少像我这些年轻教师，英语功底薄弱（因为大学五年学习期内学的是俄语，中学时学的英语都已遗忘）。为此，教研室筹划办了个“英语学习班”，叶老师是负责我们学习班的指导老师，他亲自撰写英语讲授教材，钢钣刻写蜡纸和缮印工作由年轻老师负责，这份英语教材既简明又实用，我至今保存着，英语学习班让我受益匪浅。

此后，叶老师让我参与他主译的几本英语科技书籍的翻译工作，例如：*Geotechnical Engineering*（澳）、*Soft Soil Engineering*。在他的指导下，我体会到翻译不但要做到译词确切、语言精练，而且整个译文要尊重原著句子的语法结构并正确表达原著者的意思。叶老师的译文显示出他做事的认真、严谨和规范的好风格，给我留下深刻的印象。叶老师对我语言上的帮助功不可没。

他是助人为乐、培育后辈的好领导

叶老师是教研室的领导，能处处体察民情、事事为别人着想。让我难忘的一次是：20 世纪 70 年代初，我从市区（徐汇区）搬家到同济新村（合作楼）居住。在那个年代，市场没有开放，既无搬场公司又无私人交通工具，一切都得自己动手自行解决。那时叶老师得悉后，主动与另一名同事（陈强华老师）为我分担忧愁和困难，除了搬运，而且他们还站立在简陋的机动车上（与车一起）监运（看护）物品运往同济，足足有 1 个多小时。当时的景象记忆犹新，至今铭记在心。

叶老师任室领导时，能因人而异、量才录用。在“文革”时，我曾赴西南大三线地区搞过房屋结构设计，据此，他让我回到室内从事结构设计方面的工作，使我能较早地熟悉和掌握结构矩阵分析、有限单元法（差分法）等先进的数值分析技术，解决地基基础领域中一些复杂计算问题；也为我 1991—1993 年赴德国、日本参与合作研究工作提供有益的帮助。

叶老师不仅在业务、工作上对我指导和帮助，在政治思想上也给予诸多的关心。他是一位德才兼备的好老师。今年是叶老师 90 岁华诞之时，奉上我对他的感激之情。在此，恭祝叶老师身体健康、延年益寿！

2018 年 3 月 17 日

春风时雨化桃李　岁月留痕情不老

祝龙根

今年二月初，收到由叶观宝老师寄来的《书海蛟龙　业界麒麟——叶书麟教授90寿辰贺文集》编撰邀请函，心中十分高兴。同时，感慨万千，回想起近60年与叶老先生初识、交往的历历往事。我于1957年秋考入同济大学结构系工业与民用建筑专业。是年该专业共招收240多名新生，分成甲、乙两大班，共8个小班，我被编在乙大班第6小班受读，一直至1959年秋，读完了数学、力学等基础课及电工、金工、热工等基础技术课。

1958年，教育战线为了适应国民经济的快速发展，创办了许多新学科、新专业。要从考入同济大学的新生中招收入这些新学科、新专业学习，难免远水救不了近火，难解燃眉之急。在这种形势下，只能从生源量大的老专业中，抽调部分学生进入这些新创办的新学科、新专业中受读。于是，我们这个小班，就整班被转入勘测系(即现在的地下建筑与工程系)地基基础专业(即现在的岩土工程专业)受读，成为该专业的首届毕业生。叶老先生代表该新专业来迎接我们这些转专业而来的学生。在迎新会上，他还发表了热情洋溢的欢迎词，介绍了设置该新专业的缘由。他说：这主要是随着国民经济建设的飞跃发展，各种建(构)筑物，越来越高、大、重，对地基基础工程建设提出了越来越高的要求。俗话说“万丈高楼平地起”，没有可靠的地基基础工程，就没有坚固、耐久的高楼、高塔、大桥等工程。叶老先生通俗易懂的话语，解决了我们这些转专业学生的思想顾虑。同时，还给我们介绍了该专业设置的主要专业课程：“砂性土力学”“黏性土力学”“基础工程学”和“动力机器基础”。为了完成这四门专业课的教学任务，教研室设立了四个相应的教学小组，并配备了极强的师资力量——全系仅有的三位教授，同时也是岩土工程界的泰斗，即俞调梅教授、张问清教授、郑大同教授。同时，还安排了叶书麟、朱百里、张守华、赵锡宏、余绍襄、胡文尧等年富力强、学识丰富的讲师，一起参与教学、辅导工作。叶老先生还详细介绍了教学计划、教学大纲，以确保大家学业有成、早日成材。听了叶老先生的一席话，全班同学疑虑顿消，欢欣雀跃、信心百倍，愉快地投入新专业的学习中去了。

叶老先生当时是地基基础教研室副主任，兼任我们的首任班主任，还负责"基础工程学"课程的部分授课任务。他担任班主任工作期间，工作尽心尽责，政治思想工作深入细致，与全班学生打成一片。教学方面，备课认真，讲课条理清晰，深入易懂，得到了学生们一致好评。叶老先生注重理论联系实际，带我们去浦东的一个沉井工地实习。结合工程实际情况，给我们介绍沉井结构构造和复杂的沉井下沉工艺，与我们同劳动、同生活。叶老先生当年仅 30 多岁，风华正茂，又是一位党员讲师，是我们崇拜的偶像。我与叶老先生半个多世纪的师生情谊就此开启。

1962 年 2 月，因如火如荼的工程建设急需地基基础人才，所以我们班提前半年毕业(学制为 4.5 年)，叶老先生是我们班毕业分配组成员。那个年代，学生毕业分配，采用国家统配的方法，学生必须无条件服从。毕业分配，对每个学生来说，都是人生的重要节点。分配在何地、哪个部门，将决定一个人的今后人生走向。所以，毕业生难免会有思想问题，家长也会提出种种要求。叶老先生积极、真诚地与学生沟通，接待学生家长来访。通过深入、细致的思想工作，大家都愉快地走出校门，踏上工作岗位。在毕业分配方案发布会上，叶老先生对我们深情寄语，他说：你们考进同济大学不容易，多年学习很艰辛，但毕业不等于万事大吉，走出校门后，不能放松学习，更不能懈怠工作，要与时俱进，努力为社会多作贡献。数十年前叶老先生的教诲，一直萦绕在我耳际，时时鞭策我努力奋进。

为了充实新办专业的师资力量，学校从我们班留下四名毕业生，分配至地基基础教研室，我有幸成为其中之一。我被分配在教研室动力机器基础教学小组，与我同组的有张守华、胡文尧、潘浩民老师。我虽与叶老先生不在同一教学小组，也不是他的助教，但是，他是该教研室分管教学的副主任，在他的领导下，我逐步熟悉了教学工作。至今仍然记得很清楚，教研室每年的教

我珍藏的毕业时与叶老先生和地基基础教研室其他老师的合影
（第二排右起第三位为叶老先生，第三排右起第四人为本文作者）

学计划、每门课的教学大纲，都在叶老先生组织下制订，年轻教师初上讲台的试讲课，也是在他主持下进行。其后，叶老先生升任系副主任、校函授学院副院长，同时还主管教学工作。他为教研室、系、全校的教学工作，呕心沥血，付出了毕生精力，成绩卓著。对年轻教师的成长，全力扶持、大力栽培。山高水远师恩长，饮水思源念恩泽。

1966年5月，“文革”开始，全校教学、科研活动全面停顿。叶老先生和我也身不由己，各自被卷入种种政治漩涡中去，白白浪费了十年大好时光。1978年十一届三中全会以后，各项工作开始步入正轨。此时，叶老先生已年届天命，我也步入不惑之年。以后，随着教学、科研机构的调整，我被调入结构理论研究所从事土动力学与地基抗震工作，后又到校科研处担任科研管理事务。叶老先生先后从地基基础教研室转至工程地质与水文地质教研室并在校函授学院任副院长。至此，我和叶老先生已不在同一教研室共事，不再朝夕相处，不能时时聆听教诲，但毕竟在同一学校，从1959年建立起来的师生情谊，却从未中断。每当在校内各种场合不期而遇时，叶老先生总会亲切地问起我的工作和生活情况，乃至我爱人的近况，她是我的同班同学，当然也是叶老先生的学生。1985 年 5 月，我被接纳为“文革”后首批中共党员，1993 年晋升为正教授。每当这时，他总是向我表示祝贺，并给予勉励。1992 年，我爱人获首届上海市科技功臣奖和国务院特殊津贴，1998 年获上海市劳动模范，并任上海市十一届人大代表。当叶老先生从报刊、电台获知这些信息时，也及时要我代向她转达祝贺之意。叶老先生对他任何学生获得的点滴成绩，总是给予高度肯定和鼓励。他对自己的研究生更是付出了大量精力，精心培养、尽力扶持。叶老先生在教书育人方面成绩斐然，有目共睹。他润物无声，沾溉后学，培养了一大批在各行各业中堪担重任的中坚。用他的睿智和博爱、勤奋和努力，为学生和后辈们搭起成长、成才的平台。叶老先生宅心仁厚的长者风范，深深地感召和影响着我们。

叶老先生不仅在教书育人方面，贡献了毕生精力，成绩卓著，在岩土工程科研领域，同样成绩斐然。他的主要研究方向为地基处理和基础托换技术。通过他的勤勉和努力、砥砺奋进，取得了丰硕成果，发表的论文有 30 多篇。他主编的《地基处理手册》获 1990 年全国优秀图书二等奖；他和清华大学陈仲颐教授主编的《基础工程学》获 1990 年全国优秀图书一等奖；作为主要参加人员的《建筑地基处理技术规范》获 1993 年国家科技进步三等奖。他还编著了《基础托换技术》《土力学及基础工程名词》等专著。

叶老先生曾担任上海市土木工程学会理事、上海市建委科技委委员、《岩土工程师》杂志常务编委等社会团体学术职务。

叶老先生在数十年的教学、科研生涯中，筚路蓝缕、呕心沥血，用精力和付出，诠释了人生的追求与奋斗、耕耘者的敬业和精神、教育工作者的无私与赤诚。

春秋迭易，岁月前行。2018 年迎来了叶老先生鲐背之年。值此九十华诞之际，谨以我与我爱人真挚的祝福，祈愿叶老先生幸福安颐，福寿绵长。

2018 年 4 月 2 日

相识相知六十载　祝愿长寿期颐年

赵锡宏

欣悉叶书麟教授今年九十华诞，又喜获他的学生弟子将为他编撰庆生文集的信息，激动之余，我不禁浮想联翩，历历往事，涌上心头，不能自已。时间飞快，不经意间，六十年的甲子光阴，白驹过隙。我和叶书麟教授相逢相识、相知、相助，同室共事，不觉已是六十载的春秋岁月。

相识有缘

那是六十年前的激情年代，1958 年，学校在发展形势推动下，新组建了水工系，并从结构工程系调来张问清教授担任系主任，又从相关系科调入部分教师组建和充实师资队伍。其中的河川枢纽水电站专业的师资队伍全部是由新调入的叶书麟、王肇民、孙国楹和我组成。相比之已经有七八年教龄的叶老师说来(他在同济本校毕业前后也曾被派往参加治淮工作，后来就留校任教了)，我还是个教龄不长的新兵，所以，我要尊称他是学长。我是从桥梁教研室调入的，1953 年中山大学土木系毕业后，先是到哈尔滨工业大学进修一年俄语，也因此，随后就到同济大学桥梁教研室跟随苏联专家学桥梁，到 1956 年研究生毕业留校任教。其间，于 1951—1952 年，曾被派往治淮工地参加一年的治理淮河工作。也许是叶书麟教授和我都有了这份与水有关的工程实践经历以及建筑结构的知识功底，我和他就从不同系室调到一起了吧。就此，我们作为组建新学科岗位的同事，在一起开始了新的工作。为了熟悉新专业，我们上述四人又一起都被送往新安江水电站工地参加实践，边学边干。在那段长约半年时间的共同工作生活的难忘经历，我们彼此有了更多的接触了解。叶老师谦和沉稳的性格、认真勤奋的学风给我留下颇深印象。当年那段水电站驻学的岁月，正值国家经济建设蓬勃发展的年代，争时间、抢速度，激情燃烧，挑灯夜战，自不待言。还曾经一起经历过的一支历险“小插曲”，却迄今留给我“心有余悸”的记忆：一天中午，我们正收工回到食堂午餐，突然一声巨响传来，震吓不小。却原来是刚浇筑完的一段坝体，被低于坝顶15厘米的水流压力冲垮了。灾难突发，崩塌的坝体混凝土连同钢筋直接压在坝前已经建造好正在使用的厂房大楼上，洪水倾泻而下，幸亏没有进一步冲垮厂房建筑，我们这些就餐的人总算捡回了一条性命。

1959年5月，我们提前结束水电站的驻学，回到学校。原来，学校系科设置又作调整，撤销了水工系，组建新的勘察系，张问清先生调去任系主任。叶老师和我，还有孙国楹等三人被调整到该系新创办的地基基础专业和新组建的土力学地基基础教研室（不久，孙国楹又被调回到原数学教研室），王肇民则回到了结构系。这样，我和叶老师继续成为同事，又投入到新专业的创办和学科的教学科研工作中，在新的工作岗位，这一干，迄今已经是整整满一个甲子的年月了。对于我们来说，当年那一次的调整与就位，已经是值得纪念的近乎里程碑式的变化了。因为，自那时起到现在，我们共同走过了专业知识和学科塑造的再学习、再实践的过程，并由此在岩土工程领域站稳了脚跟，获得了学术造诣的锻造直至升华的丰硕成果。

在地基基础教研室共事的几十年间，由于教学任务分工的不同，我和叶老师各自担任不同的专业班级的土力学地基基础课程，更由于各自兴趣和机缘选择的不同，我们在科研专攻的方向上都渐成专门化。若干年后，彼此在各自专攻的岩土工程分支领域都有丰硕的收获。尽管在平时，各自忙碌于手头的教学或研发任务及其场所操作，少有闲隙沟通，在业务专攻上也鲜有机会专作交流，但是，凭借长期共事形成的战友般的情谊，彼此却也是为对方业务事业的成败兴衰以及运作环境的宽仄疏逼而关注多多，加以同处一个老地基党支部而构建的精神默契和共鸣，我们就这样形成了对彼此都是无声的鼓励和支持。作为学长，他对我的关心帮助更多，更能体现我们的深厚情谊。

相知鼎力

20世纪60年代初，正值国家遭受三年自然灾害。但是，我国仍然发扬无产阶级国际主义精神，竭尽全力援助越南建设。其中，帮助越南的高等教育建设发展也是一项重要任务。我们学校自50年代始，就招收和培养了越南派来的留学生，同时，根据国家安排，还派出教师到越南帮助进行相关学科的执教和建设。其中，在土木建筑方面，拟在我们地基基础教研室也抽派一名教师去越南执教。经过选派，我有幸被选上执行这一项光荣任务。也就是说，当时需要我肩负党和人民的重托，奔赴越南援助建设并讲学。我深知任务的光荣，更知道这是学校和教研室领导的重视和培养。为此，我认真地准备，特别得到了俞调梅、郑大同和张问清三位先辈教授的细心指导和点拨，除了我讲授过的地基基础和岩石力学等本学科的储备以及原有的结构工程、桥梁工程和水电站技术等的储备外，从老前辈们处又补充了相关学科如工程地质、水动力学、水电技术理论和实践等方面的教学信息和资料，又从比我年长又有丰富教学经验的叶书麟、朱百里、张守华、胡文尧等老师处获得信赖和帮助，使我承担援越培养师资和技术人员的艰巨任务有了比较充足的理论和技术的基础储备。临行前夕，李国豪校长在同济新村教工俱乐部接见了学校的三名赴越支教的教师，谆谆叮嘱我们："要谦虚谨慎。……对方提的问题，如果一时难于回答，可说，让我考虑，下次答复。"寥寥数语的教诲，成为我以后到国外讲学、处理问题时的指导原则。党委副书记刘金鼎同志还抽空来到我家里，嘘寒问暖，倍加关怀。教研室方面动员年轻教师协助我整理行装(后来由陈竹昌和魏道垛两人来帮助我捆扎行李)。当时住在我楼上的朱百里老师夫妇还对我说，你可放心到越南工作，我们能够协助照顾好奶奶(指我的母亲)和小孩等。此情此景，历历在目，多深厚的情意啊！多好的年代啊！

1960年11月18日，我乘上北京—河内的软卧列车，第一次享受到作为专家的待遇，想起作为后盾的祖国正遭受着困难，以及还在过着不富裕生活的老百姓时，顿时热泪盈眶。强烈的对比，让我更加鞭策自己，一定要全心全意努力工作。在越南教学中，有幸获得一本武汉水利学院的同乡老教授冯国栋主编的《土力学地基基础》教材，便以此作为样板教材，编写相应授课讲义，交给翻译，译成越文付印，随后用中文讲课，偶尔附以俄文和英文的解释。有一次在固结理论教学中遇到需要了解推导细节的困难，还及时得到在国内的高大钊老师的帮助，将推导固结理论公式的资料邮寄至越。这样，前后经过13个月，顺利地完成了土力学、地基基础和岩石力学三门课程的教学任务。在越南期间，我们这批援越支教的专家和老师们，还得到胡志明主席和范文同总理的接见以及越南同行的热情款待；援越结束时，还得到以越南领导人名义颁发的纪念章和奖状。

回国后，我对援越这一段经历的业务成长和人生历练以及获得的殊荣，倍感珍惜，终生难忘。我反复叮嘱自己，能获此殊荣，应当饮水思源，受恩莫忘。后来，我也获悉，在那个特定的历史年代，我能获得援越机会，是我人生的机缘和党组织的重视和培养。其中，也包括我的挚友叶书麟、高大钊等老师对我政治上的高度信任，业务上的鼎力支持。他们在支部组织生活中，对于我的政治素养、业务业绩、责任感和进取心以及敬业精神，都有明确的、语重心长的表态。我应该深切地感谢他们对我成长的关注以及坦诚无私的评析，进而全力地促成我的机缘和人生历练。此情此景，此恩此德，我不能忘也。

人 生 知 己

1982年间，我在上海国际有限元会议上，结识了新加坡S. Lee、澳大利亚S. Valliappan和美国C. S. Desai三位教授，并建立了联系。同年，Valliappan教授专程从武汉来上海，电话约我在花园饭店相见，希望合作研究高层建筑共同作用的课题，邀请我出国赴澳工作。据此，本拟准备9月出国的，谁知高教部居然遗失了我的体检书。就这样，拖到1983年11月18日，正好与我23年前赴越南讲学的日子是同一天，这是我第二次出国。命运造人，同行的还有我课题组的曹名葆老师。到澳大利亚悉尼新南威尔斯大学和两位名教授I. K. Lee和S. Valliappan合作科研并讲学。我盼望与Lee教授相见和请教的夙愿，等待了7年终于如愿以偿啊！世界上真有这么巧而幸运的事。在这过程中，更令我不能忘怀的是，出发前，俞调梅和张问清两位老教授在早上6时许就到我楼下的小卖店相送，谆谆嘱咐应注意的细节，亲情若父；时任教研室副主任的叶书麟老师则亲自送我到飞机场，祝我们一路顺风。

在我赴澳并在澳工作的20世纪80年代中期，正逢我校进行教师职称评定和晋升。那时期，对于这方面工作，一般情况下，更多的是论资排辈的趋势。我人不在学校，无法进行申报的具体操作。时任教研室副主任的叶书麟教授，审时度势，自己放弃申报，却提出让我先申报晋升的建议，并协助办妥相关手续。这件事，是我后来才获知的。对于叶老师高风亮节的品格和老朋友的知心谦让之举，我感动之余，只有深怀感激，无以为报。

进入新世纪初期，我因多项研发项目获奖，研究论文和著述也先后发表和出版，在业界引发不小的影响。据此，我经学校有关部门领导首肯，申报当年的上海市科技功臣。我起草完相关申报材料后，邀约了叶书麟、高大钊和魏道垛三位老师，一起座谈和评析。在市里进行评选活动的当日，三位老师放下手头忙碌，专程陪同我赴现场参加和答辩。虽然，最后的被选中者，依然跳不出"如来佛的手掌心"（院士圈），但是，对于我却是很大的鼓励和促进。当然，也不会忘记全力支持我进步的包括叶老师在内的三位老朋友。

2005年，我的学生们为我执教五十周年举办学术交流会。为准备这次聚会，我回顾了几十年的充满艰辛的教学和科研生涯，深深懂得人生道路并非一帆风顺。因此很坦然地就流露在我于会上所作的"峥嵘岁月，笑看人生——数十年教学和科研生涯的感受"的发言稿上，引发了学生们不小的反响。而为这次活动，我曾在会前将我的发言稿大纲分别邀请叶书麟老师等上述三位老同事为我提出意见。其中，叶书麟教授认真地作了审阅，并为便于修改发言稿，亲手写下了三页纸的诤言，赠了如下16个字："搏击人生，敢于创新，勇往直前，奋斗终生。"他希望我的这篇发言"站得再高一些，胸襟再开阔一些，立足于心怀祖国，搏击人生"这样来突出主题，以有助于教育年轻的一辈。高大钊和魏道垛两位老师也同样提出了诚挚的意见，祝福我总结经验，再攀高峰。这一切，都给予我极大的启示和教育。

所以，如今再提笔回忆这一段段过往的真心实意和相知交融，倍感亲切和真挚，也让人慨叹人生知己的珍贵。在喜逢叶书麟老师 90 岁寿辰的今天，我满怀感恩的真挚情谊，涂就这篇短文，再次向他表达崇高的敬意和衷心的祝福，祝愿他福如东海，寿比南山，健康长寿。

2018 年 4 月 18 日

难忘的合作　良师的垂范

杨伟方

叶书麟教授和我是六十年的老同事了。他于 1958 年服从学校创建勘察系的需要，从我校结构工程系调到我们地基基础教研室任教，从那时起，我们同在一个教研室工作。早些年，我们都是各自担任某一个土建类专业一门或两门与地基基础工程有关的专业课程的教学任务。除了在每星期设定的时间，教研室全体教师开会集体交流讨论教学中相关的问题外，平时相互间比较少有所交集。后来，特别是改革开放以来，国家经济建设形势大发展，社会大环境的需要也向教师们提出了走出校门面向工程实际，用所学直接为国家建设工程服务的要求，直至后来发展成为有偿的工程咨询服务的方式，以体现教学、科研与工程实践的结合。在这样的背景下，教研室的老师们也都积极行动起来，以不同的方式和投入程度参与了校外的工程建设任务与项目的技术服务工作。

其实，地基基础专业以及现在的岩土工程专业的特点和服务对象，早已决定了与工程实践的紧密关系。早在这之前，还是在教研室创建的早期或者更早些，教研室的老一辈教师经常都会被要求为工程实际提供技术服务意见或是解决问题的方案，以致教研室很早就设定了每个星期固定的对外接待时间。只不过，我们大多只是提供技术意见，很少参与工程项目的具体操作。后来，国家的发展形势需要我们在教学之余，亲身以赴实地参与工程实践中去。

记得在这一发展态势中，苏州虎丘塔的维修加固和纠偏（含塔身结构和地基的加固）是当时教研室受命的诸多任务中最为引人重视的一项。先是由教研室主任俞调梅老先生应邀参与了这个项目的启动，继而，教研室委派叶书麟老师和我参加了这一项目具体操作。现在回想起来，由叶老师牵头具体操作很有必要，因为这是一项兼顾地基基础和上部结构的加固工程，叶老师有长期的结构工程教学和工程实践经验（早年，他大学毕业留校后，就参加了同济大学校舍建设委员会的设计工作），由他领头具体操办很是合适。我也是在这项任务的具体操作中和叶老师有了更多的交集，近距离感受到了他的敬业精神和为人风采，并在此后的合作工作中获得教益，在专业业务和工作能力诸多方面有了很大提高。

在苏州市博物馆的支持下，我们邀请上海市基础工程公司一起进入现场，进行踏勘、实地调研，亲身参加加固方案的设计制定。同时，也及时地与结构工程系沟通，取得他们支持，派出曹敬康教授和孙美玉老师一起参加工作，协助共同制定塔身的加固方案。这样，我们三方一起在现场调研踏勘，收集虎丘塔的历史相关资料，分析其历史的演变和现状特点，等等。共同商讨和制定加固措施，在工作中建立了融洽默契的良好关系，大家合作得十分愉快。为了实施我们提出的树根桩加固虎丘塔的地基方案，我们在校内的土工试验室大力支持配合下，在上海进行了现场制作树根桩的试验，取得有效的技术参数和实施效果，为我们采用树根桩加固虎丘塔地基和塔身纠偏提供了依据，也坚定了我们采用拟定的设计方案的信心。同时，在取得苏州市博物馆许可后，我们还和基础工程公司一起，直接进入塔身内部商讨具体的施工操作可行性，就在这一历史古塔的逼仄空间里成功地实施了树根桩试验性施工操作。这一项试验也使基础公司首次掌握了这一在当时算是先进的施工技术，并为他们接着进行的正式加固施工取得了宝贵的经验和第一手资料。

随着修复工程的顺利推进，这一项历史名塔的修复，名声在外，吸引了国内诸多方面包括媒体的关注。在当时“让一部分人先富起来”的社会大环境、大氛围下以及与土建项目有关规章制度和知识产权保护方面的尚欠完善、规范的境况下，我们所日夜操心的虎丘塔加固修复项目出现了不谐和音，先是有来自北京的国家文物局和建科院的不同意见和不同声音，继而，我们的合作伙伴上海基础工程公司的“不宣而战”，单方面强行单独施工，将合作者的我们撇在一边。教研室主任俞调梅老先生被迫愤而退出项目。继而，我们也被迫撤出现场，回归校内，结束了这一项目的后续工作。苏州虎丘塔的纠偏加固工程项目的成功实施，其重要性和历史意义自是非同凡响。因此，上海基础工程公司后来也因此而独得了上海市科技进步三等奖。

叶书麟老师在被迫撤出这一项目后，迅速调整了心态，以超然淡定的处世风采，直面这样的“背叛”，直面必然带来的无奈，从不与之计较斤两与是非，继续正常地处理和从事日常需要进行的教学科研和工程实践活动。而且还是在苏州操作虎丘塔加固项目的间隙，他带领我们在苏州城区就其他几座古塔如云岩寺塔等的现状进行了初步的调研，试图继续为国家的历史古建筑的加固或修缮再次发力。在获知基础公司独得科技三等奖后，他一笑了之，云淡风轻地为我们疏解说：“只要保护好古建筑虎丘塔就好。她不像文物，可以通过逐步挖掘出土。古塔是破坏一座少一座，不可能再有，谁修复都一样，不要与之计较。”叶老师对荣誉得失的宽厚平和的态度和处理此类矛盾的大家风范，对我是一次无声的教育，影响深远。自那时以后，我在教学之余的技术服务中，遇到不止一次这样的“矛盾”“小动作”，但由于有了思想上的修炼和超脱于俗世的处事风范的引领，都能遇事不惊，处之泰然。

虎丘塔底层一侧局部

在虎丘塔底层一侧塔外空地上进行树根桩试验

在虎丘塔现场的工作留影
左起：杨伟芳，叶书麟，孙美玉，曹敬康

修复前虎丘塔的侧后照片

在虎丘塔加固项目合作之后，我和叶老师又有多次机会合作开展工程实践，包括上海东湖宾馆加层项目、与无锡房产公司合作的几个地基加固工程、上海浦东花木地区的地基处理、上海焦化厂的扩建工程等多个工程实践。叶老师是结构工程的行家，既有理论功底，又有实践经验，再加上地基基础专业的造诣，业务实力自然如虎添翼。所以，我与他合作共事时，在这一些工程实际历练中，自然是得益受教，尤其是在建筑结构的知识方面，受教良多。有良师的指导，有实实在在的实践应用，我的业务知识和工作能力都获得很大提高。例如，在东湖宾馆加层项目的运作中，在他的指点下，我运用学到的钢筋混凝土知识结合地基基础专业知识，完成了地基基础加固工程，获得建设方的好评。

在撤出虎丘塔加固项目之后，叶老师审时度势，调研国家经济建设发展形势和岩土工程大体制的发展需求，选择了专攻地基处理技术，并在短时间里，取得令人瞩目的成果，蜚声业界，表现了他的学术敏锐和进取勇气。这一时期的叶老师，不仅招收了研究生，为国家培养高端岩土人才全力以赴；还编写地基处理普及版读物，为培养第一线建筑工人，提高人员专业素养，不遗余力。这些都与他的做人品格和道德素养的表现是完全一致的，在市场经济的一片喧嚣声中，独立于浊流之外，专心于教书育人，立德修业，彰显良师风范，泽被后学。

良师益友，不可多得。我始终感激叶老师的引领和指导，在德和业两方面给我们后进以榜样。在我的心目中，叶老师是那种“导学术之先声，执技术之牛耳”的导师级学者，总是能走在学术发展和技术进步的前头，引领后学砥砺向前；在名利场的追逐喧嚣中，却又是超然物我，淡泊宁静，一生“不争名于世，不逐利于市”的谦谦长者，为后辈之人生楷模。在叶老师九十寿诞到来之年，祝愿他福如东海长流水，寿比南山不老松。

2018 年 2 月 23 日

恩师引领我们进入地基专业

陈忠汉

1957年我考入同济大学结构工程系工业与民用建筑专业。从一年级开始学习数学、物理、外语、力学等课程，并参加了南通测量实习和戚墅堰机车厂扩建工程的生产劳动与实习。1960年初，学校拟增加一批新专业，以适应国家建设的需要，新专业有：建筑物理、建筑机械、工业自动化和地基基础等。当时我们这一届工民专业有8个小班，每个小班约有30人，我们第6小班一起转到新成立的地基基础专业。结构工程系宣布了分配到新专业的名单并召开了欢送大会，地基教研室（当时在勘测系）由叶书麟老师把我们小班全体同学带到了地基基础专业学习。

进入地基基础这个新专业后，除了继续学习结构课程，如钢筋混凝土结构、钢木结构课程以外，重点就开始学习地基基础专业的课程：黏性土基础、岩砂性地基、基础工程和动力机器基础等。当时叶老师教我们天然地基上浅基础及沉井基础等。叶老师来到地基专业以前，曾在结构系钢筋混凝土教研室工作，并参加了当时学校中心大楼的结构设计与研究工作，因此他教我们这部分基础工程内容，真是驾轻就熟。他自己编写讲义，在课堂上进行详细讲解。他的讲课思路清晰，板书齐整，虽然语速稍快，但口齿非常清楚、讲话流利、热情奔放，把我们的思绪紧紧地吸引住、并能很快领会课堂内容。他的一套教学方法对我们从事教学工作的后辈都有莫大的帮助。

为了更好地学习基础工程中的沉井内容，叶老师亲自带我们到松江、高桥参加沉井工地的生产劳动和实践，现场组织基础工程教学活动，请基础公司的专业技术人员给我们讲课。在工地劳动中，叶老师总是身教重于言教，带领我们下沉井劳动，深夜在闷热的沉井中，挥锹配合机械进行挖土作业，他卷起裤管冲在前，给我们树立了良好的榜样。

20世纪60年代初，学生中还没有专职指导员，叶老师作为教研室副主任，还兼任了我们的班主任，不但关心我们的学习，还关心我们的生活、思想，常到我们解放楼学生宿舍，聊天谈心。根据国家的需要，教育部决定我们提前半年毕业。毕业前夕，叶老师带我们全班同学与教研室全体老师一起到南京路王开照相馆拍了一张集体照。

毕业分配时，动员大家到艰苦的地方去，我们都做好了服从分配、到祖国最需要的地方去工作的思想准备。记得当时是叶老师做我们的分配工作。他来宿舍找我们谈话，并通知我分配在同济大学地基教研室工作，鼓励我做好教师工作。

进入地基教研室后，从做实习助教开始，先是辅导本专业的毕业设计及毕业实习，再是辅导工民建专业的土力学与基础工程课程等。有一次，叶老师通知我到江湾的基础公司基础工程班教“基础工程”这门课（是与殷永安老师一起承担，他讲前半部分，我讲后半部分）。我排好了讲课的计划与教学日历后，请叶老师修改审查并签字，他具体指导我怎样讲好这门课。后来我又带这班学生到南昌八一大桥与抚河大桥工地实习，完成了这一教学任务。

1965年，学校根据当时刘少奇同志的有关精神要试办工民建半工半读专业，从全校抽调教师组成专业委员会，系里是张问清主任，教研室是叶老师找我谈话，鼓励我到建工系新岗位去工作。“文革”中期，东海舰队与同济大学共同办班培养地下建筑人才。我被学校从建工系调入东海舰队后勤部工训队工作，结束后则回到了地下建筑专业，也就回到了地下系，我则回归到地基教研室。

回到地基教研室后，教学工作逐渐回归正常，教研室组织我们青年教师学习英语，俞调梅先生、朱百里老师都曾教过我们，后来就由叶老师教我们。叶老师不但懂俄语与德语，而且英语也非常精通。他给我们上英语课时，指定了天津大学外语教研室编的《科技英语阅读手册》，作为我们学习专业英语的参考书。叶老师在当时南楼四楼的教研室给我们上课，对我们提出的问题，进行详细回答。这本书也成了我们看专业书时的必备参考书。通过教研室的英语学习，培养了我对学习科技英语的兴趣，退休以后对英语学习还有浓厚的兴趣，参加了老年大学的旅游英语学习等。

叶老师精通结构工程，后来又转到土力学基础工程，特别钻研和精通地基处理与基础托换，成为这一领域的著名专家，并培养了很多研究生，真是桃李满天下。他与清华大学陈仲颐先生一起主编的《基础工程学》、他主审的《岩土工程勘察设计与施工》等著作反映了地基基础各细分领域的最新成果，受到了工程学术界普遍欢迎与一致好评。

我在叶老师及其他前辈的指导下，先后担任了工民建、力学、道路桥梁及地下建筑等专业的土力学基础工程课程并指导研究生工作，完成了组织上交给我的任务。

叶老师给我们的印象是，他做一行爱一行钻一行，无论搞教学科研著书立说，无论是做教研室主任、系副主任还是做函授学院院长，都做得很出色，甚至在安徽歙县同济大学五七干校做蔬菜连连长时，也做得非常成功，获得一致好评。叶老师平时非常健谈，思路敏捷，很乐意发表他的意见，尤其乐意发表对我们后辈的各种指导意见，指导我们如何上好课，带好学生。我们能胜任教师工作离不开前辈及叶老师对我们的关心指导，离不开叶老师对我们的引领和指导。在我们的恩师叶老师九十大寿之际，我们深深怀着对叶老师的景仰和感激之情，祝愿叶老师福如东海、寿比南山！

2018年3月27日

我心目中的叶书麟教授

费涵昌

叶书麟老师是我十分敬重的前辈。这不光是因为他深厚的学术造诣，更是由于他为人处世的崇高品德，使我深深折服。

在七八十年代，我们有幸在一个教研室共事，后来又有机会，一起担任系副主任的行政工作，因此有了较多的日常接触和了解。为了专业的建设和发展，他会坚持正确的主张，而不是随波逐流，奉顺拍马，说违心话，去迎合某些领导的错误主张。在当时，这样做是很不容易的。可见叶老师的光明磊落，正直为人。

在教研室内，叶老师是最早将书本理论与工程实践相结合的先驱者之一。在改革开放浪潮推动下，国内经济起步发展，许多大型工程纷纷起步，沿海地区的软弱土层成为建设过程中的"拦路虎"。过去的建设经验，就是采用桩基。例如宝钢，采用钢管桩以及大面积堆载加固软弱土层，解决了工程问题，但涉及投资规模以及工期，并不适合所有工程。如何开发一些成本低、效率高的地基处理方法，成了新课题。在此新形势下，叶老师走入了设计施工第一线，运用扎实的软土地基的理论知识参与大直径混凝土沉井设计中去，确保了整个沉井施工工艺的安全性和可靠性。对于软弱地基浅基础开发了碎石桩的设计与施工工艺，降低了地基处理成本，又减小了建筑物的沉降，提高了稳定性；针对软弱地基上由不均匀沉降引发的建筑物的倾斜问题，又开拓了纠偏的技术思路。因此，叶老师在软弱地基处理和加固领域中是位引路人，又是理论与实践相结合的实践者。赢得了学术界、工程界的广泛尊重。此时，叶老师并没有保守秘密、自傲，而是虚心和大家交流，尽力培养和扶持青年技术人才和学生，因此在全国的学术地位不断提升，并参与和主持了全国及地方的一系列有关规范，为“地基处理”这门技术打下了坚实基础。

叶老师谦虚踏实低调做人做事的一生，展示了中国传统美德，值得我们好好学习、传承。叶书麟老师一生可归纳为：

为人真诚正直，处事高风亮节；
为学严谨求实，学术开拓创新；
引领地基处理，实践地质工程；
一代为师之表，众人良师益友。

2018 年 3 月 26 日

叶门桃李

善于组织和培养后人的叶书麟教授

张　伟

我和叶书麟老师相识于1986年。当时作为冶金部建筑研究总院(冶建院)的硕士生在同济大学地下工程系选修基础课。那年冶建院送去同济五名硕士生,两个在地下系,三个在结构系。在地下系86级研究生中,像我这样身份的好像有九人,两个来自我院,两个来自马鞍山矿院,五个来自地质部综合勘察研究院。我们的宿舍楼和同济本校研究生是分开的。我和韩杰是叶老师的第一批研究生,叶老师负责帮我选课。那一年我选了叶老师的地基托换课,从中学到了很多有关软土加固、土工织物、搅拌桩、旋转桩等知识。1986年中国土木工程学会在上海宝钢举办全国第一届地基处理学术讨论会,叶老师作为组委会成员推荐我和韩杰去会议服务。那次会议使我增加了很多阅历,认识了不少人业界的专家和学者,和叶观宝老师相识就是在那次会议上。那次会议后叶老师又邀请我参加一本软土加固书册的翻译,把其中一章的翻译工作交给了我。那是我首次参加的出版物,虽然我换了不少专业,那本书册我至今还保留着。我回北京后一直和叶老师保持联系,1996年回国时专程去上海拜访叶老师。从那以后20多年一直未有机会去上海。每次在美国见到韩杰我都会打听叶老师的消息。得知他老人家身体健康,精神乐观,从心里感到欣慰。虽然我和叶老师的师生关系只有一年,我从他那学到了很多东西。他那治学严谨、平易近人的态度永远是我学习的榜样。

2018年7月4日

我的恩师和楷模——叶书麟教授

韩　杰

我第一次与叶书麟教授(我更习惯于称他为叶老师)见面是在1985年,当时同济大学尝试了一个特优生计划(即从几个系里选择少数几名优秀大学生进行特别培养),我有幸成为地下建筑工程系的唯一一个特优生。系里主管特优生的副系主任是叶老师,他在一个学期中会约我几次见面,关心我的学业进展情况,询问我有何需求。叶老师非常平易近人,所以给我留下了很好的印象。过了一段时间,我又有幸被推荐免试攻读硕士学位,有机会选择硕士研究生导师。我当时征求了班主任董炳炎老师的意见,向董老师了解了叶老师的研究方向。董老师向我介绍叶老师是从事地基处理方面的专家,为人师表,从来没有招过研究生。董老师打了一个比方,地基处理就是对不良地基治病。我小时候身体不太好,很想做医生治病,所以我对能对不良地基治病的研究方向非常感兴趣。另外,董老师给我分析作为开门弟子的好处,其中之一是受老师的重视,所以我很快就决定跟叶老师读硕士。当我向叶老师提出这个要求时,他很爽快地接受了我的要求。这是人生中我为自己作出的一个非常重要和正确的选择!

接下来的一个学期,叶老师教我们班的地基处理课,叶观宝老师为该课的助教。由于对地基处理这个方向的好奇以及想给叶老师留下一个好印象,我对这门课程尤其重视和认真。还记得课程期间,叶老师带领我们班学生到一个地基处理工地参观,这进一步加强了我对地基处理方向研究的兴趣和热情。

在我进入了研究生学习阶段不久,叶老师就安排我参加了由他及其他专家在上海宝钢举办的第一届全国地基处理交流会。在这会议期间我第一次接触到了国内岩土工程界的大师们，如曾国熙教授、卢肇钧院士、周镜院士等，龚晓南院士当时博士毕业刚刚两年。在这会议期间，叶老师安排我和其他年轻老师（如叶观宝）和学生（如张伟）做秘书为大会服务，这是我第一次参与会议组织和服务工作，学到了很多知识，结交了一些朋友。在一次会后交谈中，叶老师很自豪地给我讲了其他专家对我们的正面评价（直到我自己成为教授后才真正感受并理解到当时叶老师的自豪感）。

在我的研究生学习期间，叶老师跟我讨论了几个可能的研究课题，其中碎石桩加固技术在当时还不成熟，需要深入研究。叶老师向我灌输了一个非常基本的观念——岩土工程研究一定要结合实际工程。他当时与工程单位（包括施工单位）有良好的关系，要求我在硕士研究生学习期间参与现场试验。现场试验是要有一定的资金和实际工程作支撑，叶老师努力地从上海市科技委争取到一个研究项目和资金并与设计单位及施工单位一起落实了两个碎石桩地基处理工程试验场地。我的硕士论文题目"碎石桩加固地基的试验研究及理论分析"也由此确定下来。为了更好地了解前人对碎石桩技术的研究，叶老师派我到南京水利科学研究院收集资料并学习（南科院是我国最早从事振冲碎石桩研究的单位），我在那里待了一个月，得到了盛崇文研究员和沈珠江院士的指导（沈院士还给我提供了他的有限元程序）。通过在南科院的学习，我对碎石桩加固地基理论和工程实践及存在的问题有了一个比较全面的了解。叶老师详细地跟我探讨了可能研究的内容，包括现场试验、数值分析和理论推导。

为了落实试验场地，叶老师带领我跑了几个地方，与建设单位、设计单位和施工单位接触并洽谈。在这期间少不了烟酒，叶老师不鼓励我抽烟，但觉得能喝点酒还是有必要的，能活跃气氛、促进交流。最终叶老师落实了两个工地做现场试验：上海市良工阀门厂和浙江省岱山电厂。叶老师鼓励学生独立思考、培养自己动手和解决问题的能力。为了现场试验，我学习了如何选购量测仪器和传感器（如振弦式土压盒、孔隙水压力计、测斜管和分层沉降标）、如何标定并埋设传感器，以及如何开展载荷板试验。在这期间我还学会了如何与各方人员打交道（我在岱山工地整整待了一个月，与施工人员吃在一起、住在一起），并且学到了书本上无法学到的宝贵社交和工程经验。

在叶老师的精心安排和指导下，我的硕士论文完成得相当顺利，除了两个工地现场试验结果及分析，我还采用沈珠江院士提供的有限元程序作了数值分析，并且推导了碎石桩地基不考虑或考虑井阻和涂抹现象的解析解（这两个解析解十几年后发表在国际上权威期刊，得到广泛引用和工程应用）。我硕士论文答辩时，瑞典岩土工程研究所 Broms 教授正好访问同济大学，他作为特邀嘉宾参加了我的答辩。

许惟阳总工在宣读我的硕士论文答辩决议
（叶老师为我的导师，瑞典岩土工程研究所 Broms 教授为特邀嘉宾）

硕士毕业后，在叶老师的努力下我留校任教。除了教学和做班主任之外，我协助叶老师开展了一系列地基处理方面的研究工作和研究生培养工作，包括深层搅拌桩和树根桩方面的研究、南通机场的场地处理方案的选择以及后来的上海市地基处理规范的编制工作。叶老师认为大学教师是一个最理想的职业，因为它不但让我可以做自己喜欢的研究，而且让我有机会正面地影响他人的人生和事业。叶老师对培养学生有其独特的见解，他认为老师一定要努力培养好学生、给学生创造好的机会，帮助学生成功，他的理念是“学生的成功就是老师的成功”。所以我在与叶老师工作期间，他给我提供了很多很好的机会，如赞助我参加国内的一系列学术会议、推荐我成为当时最年轻的全国地基处理委员会委员、推荐我在第三届全国地基处理交流会上作碎石桩技术的综述报告、推荐并赞助我代表中国参加1991年在泰国举办的第一届亚洲青年岩土工程师大会、带我参编《地基处理与托换技术》(第二版)一书等。感谢叶老师的大力推荐和创造机会,我逐渐得到了国内同行的关注和认可(我现在还得益于当时打下的基础)。

全国地基处理规范编写小组在同济大学专家楼前合照
(张峰和我作为秘书参加)

叶老师在国内岩土工程界(尤其是地基处理领域)享有很高声誉,他对国内地基处理和基础托换技术发展作出了很大贡献。叶老师主持编写和翻译的几本岩土工程方面教科书和参考书,目前在国内仍可称为经典之作。在叶老师指导下一起编写《地基处理和托换技术》(第二版)一书和撰写学术论文时,我被他渊博的知识、精湛的写作水平和精益求精的工作态度钦服。通过这一个过程,我从叶老师那里学到了很多写作技巧,为我今后的论文和英文教科书写作打下了一个良好基础。

1993年我决定到美国佐治亚理工学院攻读博士学位。1997年我博士毕业后到当地一个土工合成材料公司工作。得益于我过去读硕士学位时与工程单位接触和工作的经验，我很快适应了公司里的工作并得领导的赏识。受叶老师的影响，也为了实现自己的梦想，2001 年我重新回到高校——美国威得恩大学（Widener University）任教。虽然这是一个以本科为主的教学型大学，由于我在叶老师指导下在同济大学积累的研究经验，我成功申请到几个研究项目并发表了不少论文，三年后提前从助理教授提升到副教授。2004 年我转到美国堪萨斯大学（The University of Kansas，综合性大学）任教至今。在新教授欢迎会议上，当时的堪萨斯大学教务长要求每个新教授谈谈自己要感恩的人。我当时毫不犹豫地感谢父母的养育之恩和叶老师的教育之恩。另外，2012 年当我第一次在美国岩土工程大会上接受 Shamsher Prakash 岩土工程杰出贡献奖致辞时，感谢并归功于叶老师对我的精心培养。

虽然我离开国内已 25 年，叶老师一直关心我的学习、工作和生活情况，他为我在国外所取得的成绩而感到高兴。他鼓励我常回国来介绍国外的先进经验，加强与国内的合作。每当听说我与国内学者一起在国内举办国际会议或到国内大学访问交流时，他很是欣慰。我在美国大学从教也已近 20 年，很大程度上采纳了叶老师的方法和理念对我的学生进行培养（包括学习和工作态度、研究思路、工程实践、论文写作等），所以这些年来我和我学生取得的每一个成绩都离不开叶老师对我潜移默化的影响。

叶老师对我的培养是全方位的、直接的和深远的，所以我受益终生。叶老师是我的人生导师、恩师，也是我的楷模。正逢叶老师九十华诞，作为学生，我真诚祝愿恩师健康长寿！我会继续牢记叶老师的谆谆教导，将他的理念和方法发扬光大，不辜负他对我的精心培育！

2018 年 7 月 3 日

师　恩

周洪涛

1984 年 7 月我毕业于南京大学，被分配至南京市勘测设计院从事城市工程地质勘察工作，由于当时重点大学毕业生不多，且工作表现突出，因此，我就作为单位重点培养对象，有幸参加了 1985 年 9 月—1986 年 1 月同济大学举办的、面向全国招生的第九期岩土工程进修班，系统学习了岩土工程多方面的知识，首次接触到地基处理方面的内容，教材是由叶书麟教授主编的，课程是由杨伟方老师教的。通过学习，我认识到地基处理领域在工程建设中的重要作用，当时就萌生了要考取叶老师的研究生的想法。有一天，在同济大学大门外百货商店门口，恰巧迎面碰到了叶书麟教授，我作了自我介绍，并斗胆说："叶老师，我想要考您的研究生！"叶老师很客气："欢迎啊，好好努力吧，希望明年见到你！"我闻言，很高兴，叶老师作为知名教授、长者，不仅学识渊博，而且还很和蔼、很平易近人，如果能成为这样老师的学生，那真是三生有幸！"好，下定决心，努力吧！"在工作之余，经过数月夜以继日地学习，我终于在 1987 年 9 月考入了同济大学，与叶观宝同学共同成为叶书麟教授的研究生。

进入同济大学后，我刻苦地学习，叶老师在教导我们学习的同时，也不断地给我们提供工程实践的机会，理论联系实际，通过具体实践加深对理论的理解。1988 年 7 月暑假期间，叶老师带领我和观宝同学到浙江岱山岛协助韩杰师兄进行碎石桩复合地基现场载荷试验。通过此次实际操作，我们全面掌握了复合地基载荷试验方法，了解了碎石桩荷载传递规律和桩土应力分担的情况。1988 年 8 月，在同济大学，我作为秘书组成员参加了第一版全国地基处理技术规范编制组讨论会，与全国地基处理行业著名权威共聚一堂，聆听了各位业界前辈的学术见解、思想的碰撞，加深了对地基处理行业现状、发展趋势的了解,开阔了眼界,拓展了思路。1989 年 7 月,叶老师带领韩杰、叶观宝和我三个研究生参加了在山东烟台举办的第二届全国地基处理学术讨论会,这是地基处理行业最高水平的学术研讨会,从中也可以看出叶老师希望自己的学生尽快成长,尽可能地给学生提供机会,多学习、多锻炼,为毕业后进入社会奠定基础。

读研究生最重要的就是毕业论文开题的选择,当时加层和托换是建筑工程界的热门话题,国内苏州虎丘塔、国际比萨斜塔加固是最引人注目的案例,其加固的宗旨是“斜而不倒”,既加固了地基,又使塔身仍处于倾斜状态,其“斜”姿不能改变,不然就没有著名的斜塔了。而网状结构树根桩加固技术是行之有效的托换加固技术,经过叶老师的评估,选择了“树根桩作用机理分析及其应用研究”作为我的研究课题。为此,我们师徒俩查阅了国内外大量的关于“树根桩”方面的资料,既有理论分析的,又有工程应用的。叶老师交给我不少树根桩的外文资料,其中有些还亲自翻译了,并且还专门联系了武汉地质上海工程处朱德利老总确定工程试验,良工阀门厂加层基础采用了树根桩托换技术。通过钢筋计、土压力盒分析研究树根桩的作用机理、荷载传递情况,同时结合有限元计算、模拟,提交了一份颇受好评的毕业论文。

毕业回到南京后,我一直从事岩土工程专业工作,一有到上海出差的机会,就会去看望叶老师及师母,向老人家请安。毕业后在南京十来年,做过多项房屋纠偏加固工程,有双液注浆加固、掏土纠偏(应力释放法,也即比萨斜塔加固采用的方法)、锚杆静压桩法等,工程实施前,特地去上海向叶老师当面请教,以增加底气、信心与胆识,使方案更加合理、可靠,做到万无一失。

2001 年 6 月来深圳前,专门去上海看望叶老师,叶老师把所了解的广州、深圳的岩土工程状态介绍给我,期望我在新的环境中工作更顺利些。深圳作为全国改革、创新的排头兵,节奏更快、项目更多,特别是深圳人多地少,海岸线较长,且丘陵很多,开山填海、围海造地在深圳是常态。这些对我们地基处理专业的人来说,轻车熟路,大有作为,在深圳同行中,一讲起同济大学叶书麟教授,别人都肃然起敬,我为有幸成为叶老师的学生颇感自豪!

2018 年 7 月 13 日

师恩深似海，师恩重于山

——贺叶书麟老师90寿辰

叶观宝

我从1981年进入同济大学工程地质专业本科学习，接到大学录取通知书时，一看是工程地质专业，非常纠结，一直以为是从事地质普查的专业。小时候在家乡见过地质普查技术人员在我们山区进行地质普查工作，觉得会非常辛苦，且工作地点不稳定。到了学校通过入学教育和专业了解，才发现同济大学工程地质专业强调地质、力学及工程三者结合，主要解决土木工程等领域中的地质问题，为国家及地方基础设施建设和重大工程提供技术服务，从此消除了专业思想。1985年本科毕业时，一心想到设计院工作的我，突然宣布我留校任教，当年正逢我校地下结构、地基和地质合并成立地下建筑与工程系，叶书麟老师从地基教研室调至工程地质教研室，我被分配到叶书麟老师手下当助手。

记得工作报道时第一次见叶老师，简单聊了一下，叶老师就送了我一本书《地基及基础》，是中国建筑出版社出版，由华南工学院、南京工学院、浙江大学、湖南大学编写的，叶老师还亲自给我签了名。当时叶老师让我好好看看这本书，掌握土力学的基本概念、基本原理和相关理论。其实当时我还有真正理解叶老师为什么要我看这本书，工作至今，才深深体会叶老师让我好好看这本书的用心，我们从事岩土工程研究及解决岩土工程问题，深入掌握土力学基本概念和原理有多重要！岩土问题分析应详细了解场地工程地质和水文地质条件，了解土层形成年代和成因，掌握土的工程性质，运用土力学基本概念，结合工程经验，进行计算分析。由于岩土工程分析中计算条件的模糊性和信息的不完全性，单纯力学计算不能解决实际问题，需要岩土工程师在计算分析结果和工程经验类比的基础上综合判断，注重概念设计。地基设计应在充分了解功能要求和掌握必要资料的基础上，通过设计条件的概化，先定性分析，再定量分析，从技术方法的适宜性和有效性、施工的可操作性、质量的可控制性、环境限制和可能产生的负面影响，以及经济性等多方面进行论证，然后选择一个或几个方案，进行必要的计算和验算，通过比较分析，逐步完善设计。

真正接触地基处理概念是我工作后给叶老师当助教，叶老师给 82 级和 83 级岩土工程专业和水文地质与工程地质专业本科生开设《地基处理》课，那时国内还没有专门的《地基处理》教材，叶老师亲手自己找资料文献，手写厚厚的讲稿，利用板书给学生上课。叶老师板书工整，讲解条理清晰，对待学生既严格又亲和，给我留下了深刻印象。

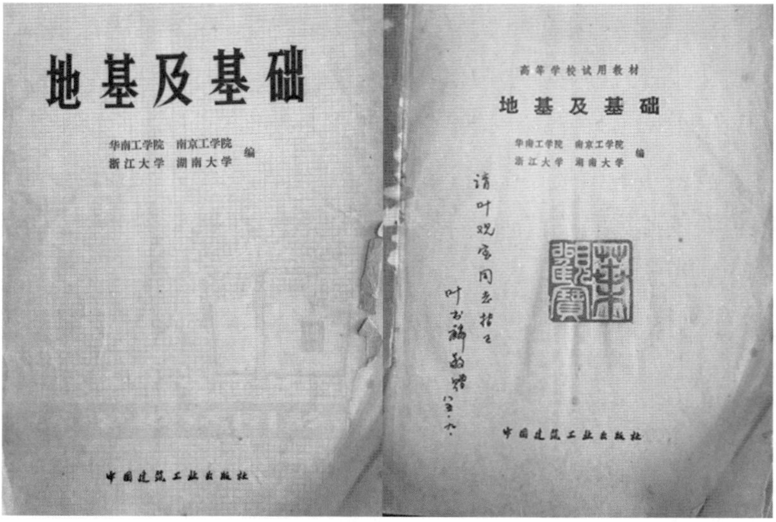

按照当时的相关规定，本科毕业留校要工作两年后才能报考硕士研究生。叶老师鼓励我考研究生，并愿意招收我成为他的研究生。1987 年，在叶老师的鼓励下，我考上了叶老师的在职硕士研究生。也就在

1987年我开始给本科生上《地基处理》和《基础托换技术》课程，因为当时我对地基处理和托换技术接触很少，更是没有实践经验，为了上好课，我利用给叶老师当助教的近一年时间，收集资料，虚心向叶老师请教，积极备课，手写了八大本讲稿，为上好课打下坚实的基础。当时我一边给本科生第一次上课，一边又在听叶老师开设的硕士研究生《地基处理与基础托换》课程，记得最后考试时叶老师给了我83分。当时，我觉得自己都主讲本科生课了，自己考试才得这么低的分数，意识到地基处理是一门应用性非常强的课程，要学好它，不仅要有很好的基础知识及专业基础知识，更需要通过工程实践真正了解和掌握各种地基处理技术。地基处理技术是岩土工程师对先修课程《土力学》《土质学》《基础工程》《土体工程》《原位测试》的综合应用，既要学会对地基的评价（看病），又要学会对地基的加固（开药方），所以也促使我在以后的工作中不断地接触实践、积累经验、丰富知识，真正了解和掌握各种地基处理方法的基本原理、设计、施工和质量检验，注重了解各种方法的施工工艺。同时我还积极参加全国性有关地基处理方面的学术交流，为更好地给学生上好《地基处理》和《基础托换技术》课程收集资料。

1988年叶老师正式编写出版了国内第一本《地基处理》建筑施工工程师技术丛书，1994年叶老师、韩杰和我共同编写了《地基处理与托换技术》（第二版），2005年叶老师和我共同编写了《地基处理与托换技术》（第三版）；1997年叶老师和我共同编写了本科生教材《地基处理》，2004年、2009年又共同编写了《地基处理》（第二版、第三版）；1998年叶老师主编、我参与编写了《地基处理工程实例应用手册》。与叶老师共同编写丛书和教材，更是对我的发展起到了关键作用，同时通过编写丛书和教材让我对地基处理技术和托换技术加深了认识，深入掌握各种技术的原理。在编写丛书和教材时，叶老师亲手把我编写的内容誊写在出版社提供的稿纸上，对每一个公式中符号的英文大小写及上下标进行标注，让我深刻认识到如何做到编写的规范化，深深感受到叶老师对我的恩情。

在我参加工作不久，非常高兴叶老师派我参与宝钢某碎石桩处理工程的质量检测，这也是第一次真正接触地基处理实践，受益匪浅。1986年叶老师就安排我和韩杰等弟子参加了由他及其他专家在上海宝钢举办的第一届全国地基处理交流会，并和浙江大学的几位年轻老师组成大会秘书组，接待了来自全国各地的 300 多位地基处理同行。在这会议期间我第一次接触到了国内岩土工程界的大师们，如曾国熙教授、卢肇钧院士、周镜院士、龚晓南院士、张永钧总工、潘秋元教授、叶正青总工、许惟阳总工、彭大用总工等。这是我第一次参与会议组织和服务工作，尽管会务工作很累，但学到了很多知识，结交了一些朋友。从此后我参加了每一届全国地基处理学术会议，认识了来自全国的各位地基处理同行，同时也得到了全国同行的认可。由于我和叶老师同姓，每次和叶老师参加学术会议，很长时间一直被误认为我是叶老师的儿子。2005 年经叶老师推荐，我荣幸地被聘

为中国土木工程学会土力学及岩土工程分会地基处理学术委员会副主任委员。

让我对常用的地基处理技术全面了解的是叶老师让我、韩杰、周洪涛及北京建研院张峰参加《建筑地基处理技术规范》(JGJ 79—91)同济大学讨论会,我们四个年轻人为讨论会秘书组,全程参与编制组的讨论,记得当时讨论会进行了近一周时间,编制组逐字逐句讨论,我们秘书组负责记录,记录了4大本记录本。通过参与讨论,学到了知识,学到了技术,学到了如何严谨地编制规范。

叶老师对学生培养有其独特的见解,培养好学生就要给学生创造好的机会,他的培养理念是“想干事的有机会,能干事的有舞台,干成事的有地位”,“学生的成功就是老师的成功”。在他主编上海市标准《地基处理技术规范》(DBJ 08-40—94)的时候,让我和韩杰作为编制组参加规范编写,也正是叶老师努力为弟子搭建非常好的平台和提供的机会,让我在编制规范方面积累了经验,在我主编上海市工程建设规范《地基处理技术规范》(DG/TJ 08-40—2010)时,80多岁高龄的他每次都全程参与讨论,为我掌舵,为我把关。也正是叶老师的培养,我也有幸参与了20多本有关地基处理和托换技术方面的国家、行业及地方标准编制。

师从叶老师后的三十多年来,无论是对我的学业、生活,还是为人处世,都可以说是裨益颇深,影响深远,深深感受到那份沉甸甸的师生之情。永远忘不了叶老师亲自为我誊写书稿;永远忘不了叶老师退休后每次收到稿费亲自送到我办公室;永远忘不了叶老师每次见面时叮嘱我少喝酒少抽烟;永远忘不了每次去看望叶老师时一直关心我的学习、工作和生活情况;永远忘不了叶老师为我所取得的成绩而感到高兴。叶老师倾注一切地培养我,毫无一丝私心,只望弟子成才,这份恩情如同再造。

叶老师长期从事岩土工程的教学、科研和管理工作,是我国地基处理行业的先行者,对学科建设和科教事业更是严谨务实、兢兢业业、全身心投入。叶老师为人低调、宽以容众;严于律己、不忘初心。为人随和而不失原则;待人谦和有礼,把名利得失置之度外,常以宽容之心度他人之过;“仰不愧于天,俯不怍于地”。光明磊落，平静质朴！师恩深似海，师恩重于山！祝愿我的恩师健康长寿、阖家幸福！

2018 年 7 月 8 日

愿恩师“永远年轻、永远其乐融融”

杨卫东

我从1985年进入同济大学学习岩土工程专业，到1992年工程地质与水文地质专业硕士毕业，直至现在始终在同济校企工作，可以说这三十多年间从未真正离开过同济。这些年在同济发生的故事不胜枚举，求学、工作、成家、立业，许多重要的人生阶段都刻上了同济烙印。回首往事，师从叶书麟老先生的研究生三年，无论是对我当时的学业、生活，还是对往后的为人处事，都可以说是裨益颇深、影响深远。

叶老长期从事岩土工程的教学和科研，在地基处理方面称得上是国内屈指可数的领军专家，参编的技术规范、著作等多次获得国家及建设部科技进步奖、全国优秀科技图书奖，对学科建设和科教事业更是严谨务实、全身心投入。叶老的学术成就、品质名望使我在本科学习期间就一直梦想能成为他的研究生，希望能得到他亲自的言传身教。在许多老师关心和悉心教导下，1989年大学毕业前我获得了同济岩土工程专业唯一的面试直升研究生名额，在我的“学生老师”也是卓有成就的师兄韩杰教授的关爱和引荐下有幸实现了梦想，成为叶老师的一名研究生。回想起来，那时的心情真是无比的兴奋和自豪。

研究生学习期间，叶老师不仅教授我们行业最领先的专业知识，还极富有远见地指出地下工程各个专业（当时同济大学地下系分为工程地质与水文地质、岩土工程、地下建筑与隧道三个专业）必将成为我国工程界的热门专业，其中印象较深的一段话是：地下情况复杂，是一个看不见摸不着的地方，地下空间的利用是未来城市建设的重点，更需要专业的知识去分析和判断，树立了我们对专业的热爱和信心，如今无论在城市建设，还是在铁路、公路、水利等土木工程领域，地下各类专业已成为不可或缺的重点专业，强夯、真空预压、搅拌桩等各类地基处理技术自20个世纪90年代至今在我国工程界逐渐得到广泛应用，为国家节约了大量的投资，取得了巨大的经济效益。

叶老师不仅在学业上谆谆教诲，在生活上也无微不至地关爱，他知道我们大多学生都来自外地，家庭条件都不是太好时，从一年级入师门开始就每月给我们每个学生足额的生活补贴，让我们能安心学习。叶老师有个特别温馨的家，师母是医生，也特别和蔼可亲，每次去叶老师家都把我们当她自己的孩子。他们的大孩子叶劲与我同年，是同济建筑系的高才生，女儿也是上外的高才生，都特别优秀。叶老师每每与我们谈起他的孩子，也特别自豪，他常说“文革”的冲击没有对孩子的学习造成太大的影响真是万幸。临毕业时，叶老师也非常关心我们的工作和去向，亲自为我们写推荐信，并教导我们无论做什么工作、什么岗位，都不要忘记专业，他是这样说的也是这样做的，这一点让我终身受益。尽管我现在担任企业的领导职务，但始终坚持带研究生且也关心他们的工作和去向、坚持研究我从事的专业领域未来的方向和发展，并与我的同事共同出版了若干专业著作，参与了行业较多国家规范的编制和政策的制定。工作后，每次见到叶老师，他仍关心着他每个学生的工作、生活和学习，真是一日为师终身为父，叶老师属龙，与我父亲同龄，一个属相，见到叶老师就像见到父亲一般亲切，和蔼可亲。

叶老始终教育我们，做一名合格的研究生，对专业的理解与学习光靠书面补给还远远不够，理论基础打扎实了，就更要融会贯通，注重科研与实践相结合，学以致用、活学活用。在学生期间，他自掏腰包让我去北京参加关于托换技术方面的学术会议，并推荐我做大会论文发言，使我大开眼界、得到锻炼；还有，让我跟着师兄们参加浙江岱山的地基处理方案的专家论证会，让我很早接触到专业工程咨询的实践应用并认识其重要性；我的毕业论文是关于树根桩在托换工程上的应用，是在现场模拟基础的托换过程，叶老师非常重视和关注，亲自审定方案并关心实验的过程，项目耗资几万元，在那个工资只有100多元的时代是个巨大的投入，从中我领略了技术前沿和技术创新的价值。从1989年入学到现在，尽管已经过去近30年，但桩桩件件，仿佛就如昨日一般，永生难忘。

认识叶书麟老先生的，都知道叶老宽以容众；有幸师从叶老的，更深谙、敬重他的品性，严于律己、简单纯粹，却从不严责于人。还记得学生时期，时常被叶老要求熟习乃至背诵《地基处理》，当时虽感过于苛刻且略觉乏味，现在想来，这本由他主编，倾注了他大量心血和多年研究积淀的教材，不仅极大加深了我对专业的理解，夯实了我的专业基础，让我能在后续的学习、工作中养成了踏实学习、踏实迈进的品行，更让我体会到叶老在学术上一丝不苟、孜孜不倦的专业精神。

工作多年，我仍时常感念受教于叶老的那段时光，他对我们循循善诱的教诲仍声声在耳，对我们倾囊相授、言辞恳切的教书情景仍历历在目。每每我感到疲累困顿时，就会想起叶老做学问时的纯粹执着、待人处事的正心诚意，这无形中给了自己坚定的力量和指引，能让自己在困境中多些积极豁达、在顺境时仍然保持平常心。白发无情侵老境，青灯有味似儿时，叶老一生无私通达、平和真挚，如今的生活仍然平静、恬淡，充满着质朴的乐趣。愿我们的叶老永远年轻，永远精力充沛、其乐融融、兴致满满！

2018 年 3 月 28 日

人生导师，学界楷模

张　捷

与叶老师(叶书麟教授)的相识始于1992年,本科入学时只想做设计、做工程,从未考虑过读研的我大四时突然发现所学知识并不足以应对现实中的工程设计,这才临时决定考研并矢志投入叶老师门下,做他的关门弟子。当时报考叶老师的学生有五六十人之多,而我之所以选择难度最大的叶老师,原因有三:①仰慕叶老师的学识,特别是他所恪守的"理论与实践相结合"的治学之道,与我的解决工程实践问题的求学初衷相一致;②叶老师针对学生的"给机会,压担子"的育人之道,在师生中广为流传,它能充分调动学生学习的主动性并培养坚韧性,促其成才;③叶老师所专长的地基处理与托换领域,作为工程技术,同时又是艺术,深深地吸引了我。在这一领域,传统理论并非普遍适用,必须开阔视野,发展出新的理论与方法来解决不良地基问题。这不仅需要坚实的理论基础与丰富的工程实践经验,而且需要吸收、整合其他领域的知识,采他山之石为我所用。

在成为叶老师的研究生后,他不仅在学识上,更重要的是在为人处世上对我产生了深远的影响。在听叶老师"地基处理"的课时,由于地基处理的工法繁多,我们并不能记住许多工法的程序及关键数据,并认为这些东西将来都能在手册中查到,因而忽略了对这些知识的理解和记忆。了解这一情况后,叶老师便把生动的工程实例穿插于各种工法的教学中,以便于同学理解记忆,同时还告诫我们:"若在工地上翻书,人家能相信你的工程设计吗?""如果心中没有各种不同的工法,你是不可能根据地基的特殊状况来选定相应的、经济适用的最优地基处理方案的。"俗话说"关键时刻看素质,细微之处见精神",叶老师的"身教"还体现在他所修改的学生论文上。在我的毕业论文初稿上，叶老师不仅指出了一些大的方面的不足和改进意见，还在一些细微之处，如标点符号、遣词造句等，一一做了标注和更正，使我的论文有了质的提升。受叶老师的影响，多年来我在修改研究生和本科生的论文时，除了订正其中理论及分析的不足外，还重点指出文中如单位、量纲、有效数字、字体及遣词造句等方面的不足，通过这些细微之处来培养他们的工程师气质和应有素质。

作为叶老师的学生，必须能够吃得住压上来的“担子”。在读研期间，我有幸参加了一些重大学术会议并协助叶老师撰写综述报告，主持学术研讨会，与各类学者进行交流。这样的机会使我能够更全面地、站在一个比较广和高的视点去审视并思考自己的研究领域，有助于跳出原有框框，整合其他领域的知识，找到解决工程问题的新办法。叶老师所赋予我的这一能力让我受益终生。当我2005年从普渡大学博士毕业，加盟新墨西哥州立大学，开始自己的学术生涯时，所面对的是前三年共十门新课的教学工作量，以及无传统岩土工程课题可做，不得不开拓道路、交通以及环境工程等对我而言全新领域的科研课题的状况。这些“担子”我都咬牙扛了下来，并最终开拓出了自己新的研究领域，作为美国土木工程界第一人研究交通领域的碳固存问题，获得了美国联邦公路局200万美元的课题经费。可以毫不夸张地说，没有当初叶老师的“给机会，压担子”，就没有今天的我。正是在这些“重担”之下，我才领悟出自己其实一直都脚踩在坚实的“岩土”之上，通过对“岩土”这一复杂的三相体天然材料及其周围环境的研究，为人类改造和适应自然并与自然和谐相处贡献着一个土木工程师的一份绵薄之力，从而诠释出真正“大土木”的概念。

师恩难忘，无以回报，唯有牢记恩师嘱托，去实现他的理想和期望。国家强盛要靠教育，没有良好的高等教育，任何所谓科研都无以为继。正是在叶老师的言传身教和精神感召下，我在学习了国外的先进知识并积累了一定的工作经验后，总想着恩师报效国家的嘱托，把教书育人的事业继续下去。在决定回国并选择国内高校时，叶老师的意见又一次帮我做出了人生重大选择。“大单位较为稳定、规范，可以历练你的专业能力；小单位则因尚需发展壮大，故机会较多，可以历练你的综合能力。”作为曾在同济和上海交通大学学习、工作过的我，忽略了它们抛来的橄榄枝，毅然选择了更为国际化且更开放的汕头大学作为落脚点。在汕大的这几年中，作为土木工程系主任，我首推了全英(双语)的工程力学课系列，采用原版英文教材教授工程力学课，拓宽了学生视野，加深了他们对基本力学概念的理解，收到了良好的效果。

叶老师曾作为同济大学地下系的有关领导制定岩土学科的发展方向，正是在他及其他老师的共同努力下，同济的岩土工程才能始终独占鳌头。也正是在这一时期，叶老师确定了地基处理及托换技术这一研究方向。其实，这并非叶老师的首选，而是他发挥了一个优秀管理者先人后己的奉献精神，在别人挑剩后拿到的最后一个研究方向。因缺少相关的中文文献，叶老师便查阅并翻译出大量的英文文献，引入国外的先进理论，同时又把这些舶来品用于我国的工程实践，总结并发展出我国所特有的地基处理技术，使原来的冷门变成了当前的大热门。受叶老师这一精神的感召，我在回到汕头大学并接任土木系主任后，从学科发展的角度出发，积极引入环境工程方向，并变更系名为土木与环境工程系，以利于同国外高校相关院系接轨，特别是以色列理工学院；引入"大土木"的概念和先进的工程教育理念，拓展学生的视野及专业技能，并顺利通过2017年住建部的土木工程专业认证复评，使汕头大学的土木工程专业成为国内一道亮丽的风景线；创立汕头大学练江流域创新中心和土木工程检测中心，做到理论与实践相结合，积极服务粤东地区。

执教近十五载，如今我也培养了一批硕士和博士研究生，叶老师的言传身教和谆谆教导无时无刻地影响着我，并体现在对他们的培养过程中："给机会，压担子"，在宽松民主的气氛中公平公正地对待每一个学生，同时考虑每一个同学的特点，做到因材施教，引导他们选择并走上适合自己的人生及职业生涯。如今，这些学生工作在中国、美国与土木工程相关的不同岗位，均在各自领域取得了令人欣慰的成绩。

叶老师不仅是我的人生导师，更无愧于是我们学界的楷模。

2018年7月10日

老师教导　终生受益

陆　新

1977年恢复高考后，我于1978年2月进入同济大学工业与民用建筑专业读书，1982年1月毕业后分配到解放军后勤工程学院工作。后于1983年到同济大学土木工程系进修一年，1986年8月到同济大学岩土工程专业研究生班学习两年。在同济大学进修与研究生学习期间，都是由叶书麟教授指导我的学习。回想在同济大学学习期间，叶书麟教授指导我学习的过程对我的成长与帮助使我终生受益，在叶书麟教授90岁生日之际写此短文表达对叶书麟教授的感谢。

1983年对我来说是刚工作不久，在专业与业务上还是需要好好学习的，我们学院安排我承担“土力学与基础工程”课程的教学任务，因此工作单位安排我到同济大学土木工程系进修，能回到母校进修学习是件非常高兴的事。到了同济大学，在叶教授指导下进行“土力学与基础工程”课程知识系统全面地学习，叶教授认真仔细地给我安排课程的学习，还安排我到土工实验室进行系统的土工试验学习与操作。还安排我对“土力学与基础工程”课程相关章节进行讲课试讲，在讲课试讲时，叶教授总是认真听并作仔细地讲评，且反复试讲反复讲评，直到达到讲课要求为止。

同济大学进修学习回单位后，我从事“土力学与基础工程”课的教学工作，在工作期间也经常与叶教授联系，得到叶教授的帮助。

1986年8月又通过考试进入了同济大学岩土工程专业研究生班的学习，在研究生学习阶段还是得到了叶教授的帮助与指导。通过研究生学习阶段的学习，开始从事并进行地基处理研究方向的学习。叶教授在对课程学习与专业知识等方面进行指导外，还亲自带我们到浙江省岱山电厂振冲碎石桩工地进行现场试验。

在同济大学进修与研究生的学习期间，得到了叶教授的指导与帮助，使我终身受益，叶教授的言传身教，对学习与工作的认真态度对我后来的工作影响很大。由于得到叶教授的专业知识的指导，也使我逐渐进入了岩土工程专业地基处理的行业，也为后面的地基处理工作打下专业基础。

在1995—1998年期间，我在上海某机场建设指挥部工作，负责场道工程的地基处理工作。期间叶教授多次到我们机场建设指挥部指导工作。该机场位于冲积平原地基上，属于软黏土地基，加上缺少土方，因此该机场场道土方工程的难点与重点是填土与地基处理。当时，叶书麟教授与高大钊教授、龚晓南院士、郑颖人院士、冯遗兴教授等专家经常到工地现场与工程建设指挥部研究地基处理方案及地基处理施工技术。经过多次反复的现场考察、工程地质资料的研究、施工技术的可行性等多方面的比较分析研究，综合各位专家学者与工程技术人员的经验，最终突破当时传统观念与规范，大胆采用强夯法处理软土地基，在考虑强夯法处理软土地基的施工参数与工艺技术时，结合排水处理测试技术等方面，采用新工艺新技术，在软土地基采用强夯法处理技术上有重大突破，为工程建设节省了大量的资金，该项技术成果后来获得了国家科技进步二等奖。

在该机场的油库基础工程中采用水泥土搅拌桩处理地基，由于该场区地基中存在粉细砂地基层，地下水位很高，在开始施工阶段水泥土搅拌桩施工处理效果不好，按常规的水泥土搅拌桩的施工方法施工时，发现经处理后地基没有达到地基处理的效果，处理后的搅拌桩位处发生沉陷的现象。后经叶书麟教授与高大钊教授多次现场指导分析，认为由于该场地位于长江边，地基土是由粉细砂组成，由冲积形成。经对工程地质资料的分析与现场考察分析，结合水泥土搅拌桩施工工艺的特点，认为在水泥土搅拌桩预下沉过程中产生了孔隙水压力，后续搅拌过程中虽然加入了水泥浆的加固，但由于孔隙水压力的影响，在水泥土固结过程中还存在孔隙水的流动，会带走部分土粒，产生搅拌桩部分的沉陷。考虑到这种现象，采用了多种方法来调整施工方法与施工工艺，最后采用在预搅拌的过程中加入水泥浆，这样可以减少孔隙水压力的影响，后来经过反复试验，终于解决了技术难题，为工程建设顺利进行作了重要的贡献。

2018年2月27日

学习和生活的点滴回忆

林　彤

我是1982年9月进入同济大学地下建筑与工程系学习水文地质和工程地质专业，1986年6月毕业时原已准备留校做学生辅导员，后来响应党的号召回到边远地区——内蒙古呼和浩特市建筑学院从事专业教师的工作。在教书育人工作2年后，我参加了1988年同济大学的硕士研究生考试并顺利通过，在选择导师和研究方向时，看到地基处理这个研究方向时觉得很新奇，便毫不犹豫地填了叶老师。几天后，负责地下系研究生招生工作的张锡南老师告诉我，说叶老师不招女生，让我自己赶快再找其他导师。当时我好失望，又非常着急，不知道叶老师为什么不招女生，只好重新联系了导师。可是没过几天，张锡南老师又告诉我说叶老师招收我了，当时的各种疑问直到读研期间的某次面谈才从叶老师口中得到了答案，原来是师母和他们的女儿为我据理力争，一起说服了叶老师，才使我有幸能够在叶老师门下学习地基处理，是当时刚刚在国内起步、只有很少数的专家学者才了解的土木工程新的专业方向。我因此就成为叶老师门下唯一的女弟子，只有师兄和师弟而没有师妹。

在研究生学习期间，印象很深的是叶老师上的“地基处理”课，上课前和课间我都把黑板擦干净，认真听讲记笔记，课后查资料等，到课程结束考试完查成绩，我只得了87分，还没有到90分。记得当时心里面有些不服气，心想这是我非常用心学习的课程，怎么还得不了高分？其他课程我还从来没有这么认真努力地学习过呢！多年以后，我自己要给学生讲授“地基处理”，在备课和讲解的过程中才逐渐理解了我为什么只得了87分！从1996年我第一次给中国地质大学（武汉）第一届岩土工程专业的学生讲授“地基处理”开始到现在，已经有22年的时间共22届的学生，每次上课总会想叶老师讲课的情形，也会给我的学生们讲我学这门课的经验和同济大学的求学经历。

在读研究生期间，记得叶老师给了我 1 本很厚的英文专业书并让我翻译其中的 3 章，当时没有什么感觉，就是利用课余时间在翻译，好像翻译了两三个月吧。但在这个过程中却学到了很多的专业知识，最后的翻译手稿大概有很厚的 3 本，毕业的时候也一直带在身边，没有舍得扔掉。而且，我毕业离校到叶老师家告别的时候，他把他多年备课的《地基处理》手稿送给了我，当时非常感动，有点受宠若惊，心里好惭愧，觉得受之有愧！同时又觉得压力好大，这是叶老师对我今后当老师的鼓励和鞭策呀！

还记得 1990 年 3 月开始到 9 月底，我们在铁四院的拟建家属院进行粉喷桩的现场载荷试验，该试验内容和试验规模在当时的国内是首屈一指的，在叶老师和铁道部第四勘测设计院白日升副总工程师、王总、焦工等人的关心、支持和大力帮助下，在武汉的酷暑期做这么大型的复合地基现场载荷试验，加载用的钢锭是租用武汉钢铁集团公司的，动用了各方力量，克服了技术上和生活上的各种困难，终于完成了这项艰巨的任务。在这期间，叶老师应武汉市武汉地基处理中心主任汪益基的邀请来武汉看望我们，在试验现场认真听取我们的工作汇报，询问试验进展情况并现场指导，和白总等协调各种关系，保证了试验工作的顺利进行。叶老师因此也有机会登上了中国三大名楼之一的黄鹤楼，并留下了珍贵的照片。经过大家的共同努力，这个项目的研究成果获得了铁道部的科研成果奖。

时光匆匆，光影似剑，我从 1991 年 4 月毕业到中国地质大学（武汉）工作至今，不知不觉中已经 27 年多的时间过去了。回顾以往，很多事和很多人也已经模糊不清了。但是，在叶老师门下近三年的研究生生涯时间虽然短暂，珍贵的师生情谊却一直珍藏在我心中，现在还会时常想起，特别是当我和我的学生们在一起的时候，不知不觉中会照着叶老师的样子和学生沟通谈话。我从叶老师身上学到了很多很多，他在不经意间教会了我做人的道理，潜移默化地影响了我的职业选择，甚至可以说改变了我的人生轨迹，使我毕业后更加坚定地选择了光荣的教师工作，并一直从事着高校的教书育人工作，送走了一届又一届的学生。

古人云“一日为师，终身为父”，叶老师是我们的良师益友，他的谆谆教诲已经浓缩成一杯茶，让我在今后的人生中慢慢地品尝！一杯茶品人生沉浮，平常心越万千世界！

衷心祝愿叶老师和师母一家吉祥快乐！健康长寿！

2018年7月6日

师恩如山，感谢导师的辛勤付出！

刘建军

1991 年，我的导师叶书麟教授把“水泥加固软土的室内试验研究”选定为我的硕士毕业论文课题。当时，水泥土搅拌法在国内的地基加固领域已有使用，上海浦东开发更使这项技术获得大量应用。然而，业界对于“水泥土”的特性并非完全认识，测试方法也不统一，有必要对此做较系统的试验研究。

课题定了以后，我感到这项任务很重要，也很有挑战性。同时，我也有些担心，主要顾虑是：①工作量大，需要制备各种不同形状的试块在相应的仪器设备上试验；②时间紧，试块最长养护时间是 90 天；③作为学生，各方面条件有限。

为了帮我克服困难，叶书麟老师联系了浦东一家有试验条件的单位，先后几次领我去该单位落实有关合作事宜。另外，他还联系了本校的两个试验室，安排相关的试验场所，给我创造了必要的工作条件，也消除了我的许多顾虑。记得那时候叶老师已是年过六十，除了教学、著书，还兼职学校和学会里很多工作，事务繁重，他这样为学生忙前忙后，令我无比感动。

正是在叶老师的关心、指导和帮助下，我的试验工作非常顺利，制备的大量试样完好无损，确保了各组试验按时进行和试验数据的有效性，最后圆满地完成了预定的研究项目，同时，为“水泥土”的室内试验积累了经验。虽然我现在已不再从事本专业，但当得知上海市标准《地基处理技术规范》采用了我的硕士论文中的部分成果后，我深感自豪。在此，我再次感谢叶书麟老师对我的信任、指导和帮助。

今年是叶老师九十华诞，我衷心祝愿老师健康、长寿！

2018 年 6 月 27 日

师门传承

张 伟

·个人简介·

姓名：张伟

出生年月及出生地：1962 年 10 月 28 日生于天津

学历学位：软件设计硕士（圣托马斯大学，2001）

岩土工程博士（明尼苏达大学双城分校，1995）

结构工程硕士（南伊利诺伊大学爱德华兹维尔分校，1991）

岩土工程硕士（冶金部建筑研究总院，1989）

水利水电工程学士（清华大学，1986）

职称：公路研究工程师

职务：项目经理

工作单位：美国交通部联邦公路管理局特纳-费尔班克高速公路研究中心

专业领域：道路安全

研究方向：道交路口和立交桥安全

·教育背景·

1986年8月—1987年6月,以冶金部建筑研究总院研究生身份在同济大学地下工程系选修基础课

·工作经历·

1995年7月—2000年5月,明尼苏达州交通部

2000年5月—2002年8月,Compuware Corporation

2002年9月—2003年3月,Regulatory and Clinical Research Institute, Inc.

2004年1月—2006年2月,联邦公路管理局新墨西哥州分部

2006年2月至今,联邦公路管理局特纳-费尔班克高速公路研究中心

·学术与社会兼职·

研究生导师,博士后导师,地方选区助理长官

·奖励与社会贡献·

指导过四名博士后,五名博士,四名硕士和六名暑期实习生。研究课题含智能交通系统、自动过境检查系统、创新路口和立交桥设计、交通模拟、大数据分析软件开发、眼动仪研究、用回收塑料造环岛路口、用直升机和无人机收集大交叉口和大立交桥交通数据。

·成果简介·

【发表成果】

近年来共发表期刊及会议论文50余篇。

【代表性成果】

在美国20多个州主持过50多个创新路口和立交桥示范和评估工程。所示范的很多道交口和立交桥设计在所在州或美国甚至世界上是首次采用、包括分歧钻石立交桥、连续流交叉路口、移位左转立交桥、限制过境掉头交叉路口、和微型环岛路口等。这些工程解决了很多困扰当地多年的交通拥堵和安

全问题、且投资和工期都远低于常规解决方案。

在前人研究基础上发明创新两种高通行量道路交叉口设计：放松型领结交叉路口、系统交叉路口。

包括分歧钻石立交桥(diverging diamond interchange)

连续流交叉路口(continuous flow intersection)

用回收塑料造环岛路口(modular mni-roundabout made of recycled plastics)

韩　杰

·个人简介·

姓名： 韩杰

出生年月及出生地： 1964 年 9 月浙江省

学历学位： 博士

职称： 格兰·派克(Glenn L. Parker)冠名终身正教授

工作单位： 美国堪萨斯大学

专业领域： 岩土工程

主要研究方向： 地基处理、土工合成材料、桩基工程、道路工程、地下管线

·教育背景·

1982 年 9 月—1986 年 6 月，同济大学地下建筑与工程系，本科

1986 年 9 月—1989 年 3 月，同济大学地下建筑与工程系，硕士

1993 年 9 月—1995 年 3 月，美国佐治亚理工大学土木工程系，硕士

1995年4月—1997年3月，美国佐治亚理工学院土木工程系，博士

·工作经历·

1989年3月—1990年4月，同济大学地下建筑与工程系，助教

1990年4月—1993年7月，同济大学地下建筑与工程系，讲师/系主任助理

1997年4月—2001年7月，坦萨美国土工技术公司，设计工程师、高级工程师、开发部经理

2001年8月—2004年7月，美国Widener大学，助理教授

2004年8月—2010年7月，美国堪萨斯大学，副教授

2010年8月至今，美国堪萨斯大学，终身正教授

·学术与社会兼职·

曾任：全国地基处理学术委员会委员；美国运输研究委员会土工合成材料委员会委员；第一届岩土上海国际会议技术委员会联合主席及秘书长；第一届、第二届美中地基处理研讨会技术委员会联合主席；国际华人基础设施工作者协会副主席及主席；美国土木工程学会岩土分会岩土前沿国际会议技术委员会联合主席；国际交通基础设施与材料会议联合主席；美国土木工程学会岩土分会中国地基处理技术考察团团长。

现任：美国土木工程师学会《岩土与环境岩土工程学报》副主编；美国土木工程师学会岩土分会地基处理学术委员会主任；美国土木工程学会岩土分会土工合成材料委员会委员；岩土力学与地质工程国际期刊委员；全国《岩土工程学报》编委；《结构和土木工程前沿学报》编委；国际华人基础设施工作者协会主席；北美岩土工程师协会顾问委员会委员；国际土力学与岩土工程学会公共关系委员会委员；英国土木工程师学会《国际土工合成材料学报》编委；《国际交通岩土工程学报》编委；英国土木工程师学会《地基处理学报》编委；《国际交通基础设施岩土工程学报》编委；英国土木工程师学会《岩土工程研究学报》编委；美国土木工程师学会《土木工程材料学报》副主编；美国科学院交通运输研究委员会土方工程委员会委员；美国科学院交通运输研究委员

会涵洞及水利结构委员会委员。

·奖励与社会贡献·

【获奖情况】主要获奖17项,其中11项国际奖励,2项省部级奖励。2017年,获美国土木工程师学会马丁·卡普奖(Martin S. Kapp)基础工程奖,成为该项1973年设立以来第一个获奖的华人学者,该奖一年授予最多一人。

【课题项目】主持参与课题项目50余项。

【学术交流】被邀在18个国家作43个主题报告和150个特邀报告。

【学生培养】培养了15位博士和18位硕士并接纳和指导了44位访问学者。

·成果简介·

【发表成果】

近年来共发表300篇期刊及会议论文,其中SCI论文123篇,EI论文200多篇;编写著作2本,其中外文著作1本。

【代表性成果】

1. 先进土工合成材料的理论和设计方法

土工合成材料已被广泛应用于国防、交通、土木及水利工程中,起到加筋、过滤、排水和隔离等作用。然而,国际上土工合成材料加筋路基一直以来没有一套有效的设计方法。韩杰教授通过和美国工程院院士Giroud博士的长期合作,首次建立了基层中应力扩散角与动力荷载间的相互关系,合理地考虑了土工合成材料的加筋作用，提出了一套适用于平面土工合成材料（土工格栅及土工织物）加筋路基的综合设计方法（被命名为 Giroud-Han 方法）。该方法能够考虑诸如地基土强度、基层质量、土工合成材料类型和性质、车辙深度、车辆数量、车轮荷载和轮胎压力等影响因素，计算加筋基层的厚度。在平面加筋路基的基础上，对立体土工合成材料（即土工格室）加筋路基开展了全面和系统的技术开发和研究，揭示了其加固机理、影响因素及加固效果，并首次提出了一套完整的立体土工合成材料加筋路基设计方法。

韩杰教授开展了土工合成材料应用于废弃再生材料的研究，首次将土工合成材料用于加固废弃沥青路面材料，从而改良废弃材料的力学特性（如提高其强度和刚度，减小蠕变），达到"变废为宝"的目的，开创了一个关于土工合成材料对废弃材料再生利用和可持续发展的新领域。

2. 桩承路堤沉降及稳定性分析理论及控制

软弱地基上高速公路和高速铁路路堤的沉降及差异沉降控制是一个富有挑战性的岩土工程问题，桥台跳车被称为岩土工程中的一项世界难题。韩杰教授是国际上少数率先提出采用桩承加筋路堤来解决这一世界难题的学者。通过数值分析及现场试验首次提出了路堤、土工合成材料、桩与地基土之间的应力传递机理及相关影响因素，提出了一套完整的计算沉降、地基土应力和加筋体拉力的设计方法。揭示了半刚性和刚性桩承路堤失稳破坏机理，首次提出桩的弯曲和旋转的破坏模式，为保障桩承路堤的安全性提供了理论基础。较早地开展了碎石桩复合地基的试验及理论研究，首次提出了既能考虑排水效应又能考虑应力集中效应的碎石桩复合地基固结理论和简化计算方法。在该固结理论的基础上，进一步提出了针对深层搅拌桩及刚性桩复合地基的固结理论，形成了一套较为完整的复合地基的固结理论，为解决复合地基的沉降问题，尤其是工后沉降问题提供了理论依据。相关的研究成果在 *Journol* of *Geotechnical* and *Geo environmental Engineering*（JGGE），*Geotextiles and Geomembranes*，*Canadian Geotechnical Journal* 等刊物上发表论文 20 篇，其中发表在 JGGE 刊物的论文 *Numerical analysis of geosynthetic-reinforced* and *pile-supported earth platforms over soft soil* SCI 引用次数达 220 次。

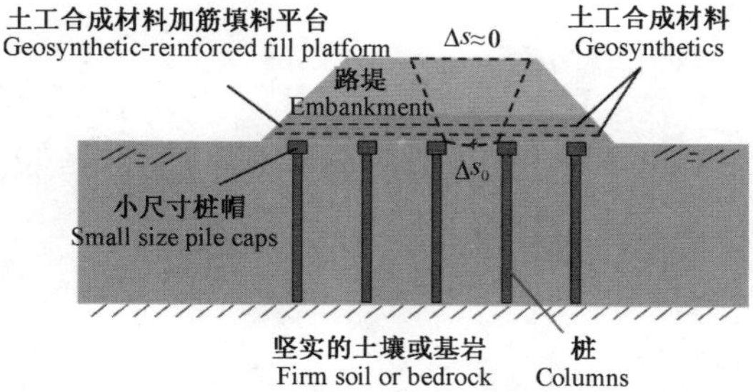

3. 桥梁和海洋平台桩基础的评价和设计理论

侵蚀和冲刷是桥梁和海洋平台桩基础持久和稳定性的关键因素。有资料显示，在美国海水侵蚀每年造成的经济损失达 60 亿美元，这其中桥梁和海洋平台桩基础损坏及修复占了很大比例。为防止桩基础的海水侵蚀，韩杰教授开展了海洋工程中玻璃纤维加筋聚合物桩基（FRP 桩）的探索性研究，首次揭示了 FRP 桩与土的相互作用，提出了 FRP 桩在竖向荷载作用下的临界荷载，及竖向和侧向变形的计算方法。收集了大量现场试桩载荷试验结果，提出了合理的桥梁桩基可靠度设计参数。建立了冲刷作用下考虑水力条件的土、桩基及上部结构等相互作用的桥梁或海洋平台的整体稳定性分析方法，及抗冲刷设计理论，开发出软件产品并被美国堪萨斯州公路局采用。

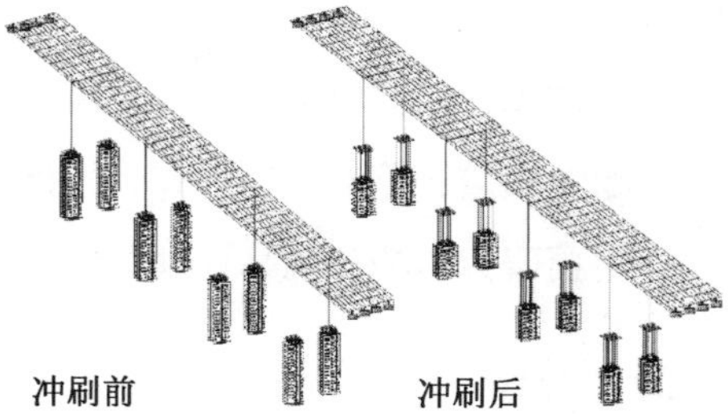

周洪涛

· 个人简介 ·

姓名： 周洪涛

出生年月及出生地： 1962 年 5 月出生于南京

学历学位： 工学硕士

职称： 教授级高级工程师，注册土木工程师（岩土）

职务： 总工程师

工作单位： 深圳市勘察研究院有限公司

专业领域： 岩土工程勘察、设计、监测、施工及地质灾害评估与综合治理

主要研究方向： 地基处理、基坑支护

· 教育背景 ·

1980 年 9 月—1984 年 7 月，南京大学地质系，本科，理学学士

1985 年 9 月—1986 年 1 月，同济大学岩土工程进修班学习

1987年9月—1990年3月，同济大学地下建筑与工程系，研究生，工学硕士

·工作经历·

1984年7月—1987年8月，南京市勘测设计院，助工

1990年4月—1997年1月，南京市建筑设计研究院，主任，高级工程师

1997年2月—1998年12月，南京市测绘勘察研究院，经理、高级工程师

1999年1月—2001年5月，南京钟山岩土工程有限公司，董事总经理、高级工程师

2001年6月—2003年6月，深圳市工勘岩土工程有限公司，总工程师、高级工程师

2003年6月至今，深圳市勘察研究院有限公司，总工程师、教授级高工

·学术与社会兼职·

中国勘察设计协会岩土工程专家指导委员会委员；中国土木工程学会地基处理学术委员会委员；中国勘察设计协会评优专家库专家；广东省国土资源系统水文工程环境地质专家库专家；广东省土木建筑学会理事；广东省土木建筑学会地基基础工程专业委员会委员；广东省土木建筑学会地下工程专业委员会第三届委员会常务委员；广东省优秀工程勘察设计奖评审专家库专家；深圳市勘察设计行业协会勘察岩土专家委员会主任委员；深圳市住房和建设局建设工程专家库专家；深圳市地质学会理事会理事；深圳市安全生产专家组专家；前海规划建设专业咨询委员会岩土工程专家组专家；深圳建筑业协会总工程师委员会委员；深圳市施工工艺标准评审专家；深圳市建设科技成果鉴定专家；深圳市政府采购中心专家。

·奖励与重大社会贡献·

曾获奖励14项，其中国家行业奖励4项，省市奖励8项，主要获奖如下。

2009年，深圳市土木建筑学会30周年庆典资深专家；

2011年，首届深圳市勘察设计行业杰出工程师；

2012年，深圳市勘察设计行业优秀总工程师；

2012 年，广东省科学技术奖，特等奖，软基处理课题主要负责人；

2009 年，全国优秀工程勘察设计奖，银奖；

2013 年、2015 年，全国优秀工程勘察设计行业奖，一等奖；

2010 年，全国优秀城乡规划设计奖，一等奖；

2009 年、2011 年、2017 年，广东省优秀工程勘察设计行业奖，一等奖；

2013 年，第五届广东省土木工程詹天佑故乡杯，科技创新主创人员奖。

·成果简介·

【发表成果】

近年来在行业手册、核心刊物、论文集、会议及杂志上发表论文 30 余篇；参编规范 5 本。

【代表性成果】

1. 课题“深港西部通道工程建设创新实践”研究

2. 国家级项目——深港西部通道口岸区场坪填海及地基处理工程

主持设计项目技术负责人，填海面积 144.34 万 m^2，工程造价约 14.5 亿元，该软基处理成果已通过由中国工程院院士等 12 名国内外专家组成的专家组的评审，评价较高，国内领先。2008 年获全国优秀工程勘察设计行业一等奖。2009 年获全国优秀工程勘察设计银奖。2004 年 10 月完成。

深港西部通道一线口岸区全景

地基处理前

地基处理交工面

建成后全景

3. 深圳市前海填海区软基处理工程设计

主持设计项目负责人，填海面积 3 km^2，场坪采用堆载预压、真空预压、复合地基处理、砂被成陆，路堤采用强夯处理。工程造价约 18 亿元。2011 年 10 月完成。

4. 深圳滨海公园休闲带填海造地设计

主持设计项目负责人，休闲带沿线长度 15 km，填海面积 3 km^2，场坪采用堆载预压、真空预压、复合地基处理、砂被成陆，抛填块石＋强夯处理。工程造价约 12.5 亿元。2008 年 5 月完成。

5. 深圳轨道交通 4 号线二期工程岩土工程勘察

该项目审定，4 号线二期工程线路长 15.9 km，是深圳市重点工程，也是国内第一条由港资公司采用 BOT 模式（Build-Operate-Transfer，建设-经营-转让）在内地建设的地铁线路。由深圳、香港两地勘察单位组成的联合体圆满地完成了勘察任务，勘察工作融合了深港两地勘察工作的优势和特长，具有许多有别于国内常规勘察工作的独到之处和鲜明特点，勘察成果达到国内同行业先进水平，实现了良好的经济、环境和社会效益。2013 年获全国优秀工程勘察设计行业一等奖。

6. 丰盛町地下阳光街基坑支护工程

主持设计并审定。基坑周边紧邻地铁结构、重要的市政道路（深南大道）、密集的写字楼和繁杂的管线等；基坑深度 14.3 m，场地内的土层存在有较厚的填土、有机质砾砂层、冲洪积砾砂等不良地质条件。为建设单位节省投资约 2 000 万元，缩短了工期月 2 个月。2011 年度广东省工程勘察设计行业协会一等奖。2008 年 6 月完成。

7. 深圳市东方尊峪住宅小区边坡支护工程

基坑位于深圳市盐田区，高度 80～156 m，为一级边坡，为大型规模，采用多种支护方法（抗滑桩、锚索格构梁、钢筋混凝土挡土墙、坡率法等）综合治理。本工程项目获得 2009 年度全国优秀城乡规划设计奖——城市勘测工程一等奖。

叶观宝

·个人简介·

姓名：叶观宝

出生年月及出生地：1964 年 10 月 30 日，安徽歙县

学历学位：岩土工程博士

职称：教授

职务：同济大学岩土加固与测试技术研究室主任

工作单位：同济大学

专业领域：地质工程，岩土工程

主要研究方向：地基处理、软土工程、测试技术

·教育背景·

1981 年 9 月—1985 年 7 月，同济大学地下建筑与工程系，本科

1987 年 9 月—1991 年 3 月，同济大学地下建筑与工程系，在职硕士研究生

1998 年 3 月—2004 年 2 月，同济大学土木工程学院地下系，在职博士

·工作经历·

1985 年 7 月—1990 年 4 月，同济大学地下建筑与工程系，助教

1990 年 5 月—1995 年 12 月，同济大学地下建筑与工程系，讲师

1996 年 1 月—2002 年 5 月，同济大学地下建筑与工程系，副教授

2002 年 6 月至今，同济大学地下建筑与工程系，教授

2004 年 11 月至今，同济大学地下建筑与工程系地质工程专业，博士生导师

·学术与社会兼职·

全国地基处理学术委员会副主任委员、住房和城乡建设部建筑地基基础标准化技术委员会委员、中国土木工程学会土力学及岩土工程分会软土工程专业委员会委员、中国老教授协会土木建筑专业委员会副主任委员。

·奖励与重大社会贡献·

【获奖情况】主要学术获奖 8 项，其中省部级奖励 4 项。

【课题项目】主持参与重要科研项目 20 余项，其中主持国家自然科学基金面上项目 5 项，参与国家 863 项目 1 项，参与国际合作项目 1 项。

【特邀报告】被邀在学术会议上作主题报告和特邀报告 20 余次。

【学生培养】培养博士研究生 18 名，硕士研究生 50 名。

·成果简介·

【发表成果】

近年来在发表期刊与会议论文 200 余篇，其中 SCI 与 EI 检索论文 50 余篇；编写著作 20 余本，其中主编著作 9 本；参编规范 21 本，其中国家标准 3 项、行业标准 6 项、协会标准 4 项、地方标准 8 项；授权国家专利 8 项。

【代表性成果】

1. 大面积深厚软基场地形成地基处理变形机理与设计理论

提出“场地形成”和“场地形成地基处理”的概念，通过在收集大量实际工

程资料的基础上，主要采用理论计算与分析的方法，对超大面积深厚软基场地形成的机理与变形规律进行分析，建立成套的超大面积地基沉降计算理论和方法，推导出基于现场实测数据的超大面积地基沉降预测模型，并对超大面积真空预压法的加固机理、设计计算方法、设计控制指标等进行探讨；进一步地提出场地形成设计控制指标及标准和场地质量评价方法，建立和完善场地形成的概念体系与理论框架，为今后建立完整的场地形成理论体系打下基础，并为超大面积场地形成工程的设计和施工提供技术指导与作为相关规范标准编制及修订的理论依据。

上海迪士尼乐园核心区(一期)总体规划区功能布置图与地基处理等级分区图

上海迪士尼乐园实景图

2. 长板-短桩组合型复合地基固结特性理论研究

首次提出长板-短桩工法组合型复合地基，它是由长塑料排水板、短水泥土搅拌桩和褥垫层组成的新型地基处理方法，该工法利用短桩提高地基承载力和稳定性，利用长塑料排水板加快深部饱和软土的排水固结过程，因此对于处理深厚饱和软土地基具有很强的推广价值。通过现场试验、离心试验和理论分析，研究了该工法的地基处理效果和固结特性。并通过固结特性的理论分析，提出了长板-短桩组合型复合地基的平均固结度的解析解，进一步探讨了该组合型复合地基的固结特性。以现场试验和理论分析为基础，总结并提出了长板短桩工法的设计方法和施工措施，为实际工程的应用提供理论指导。

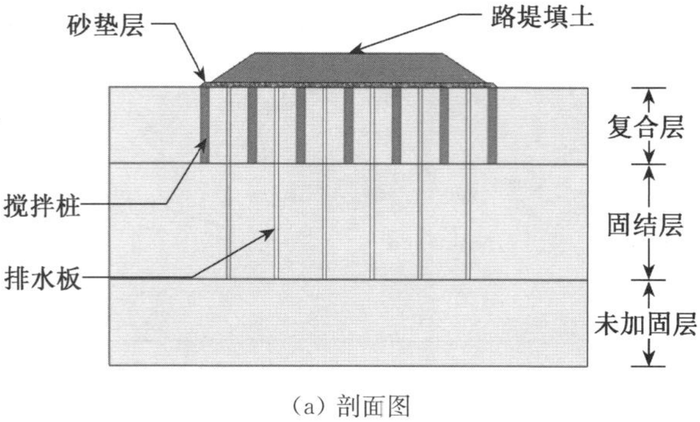

(a) 剖面图

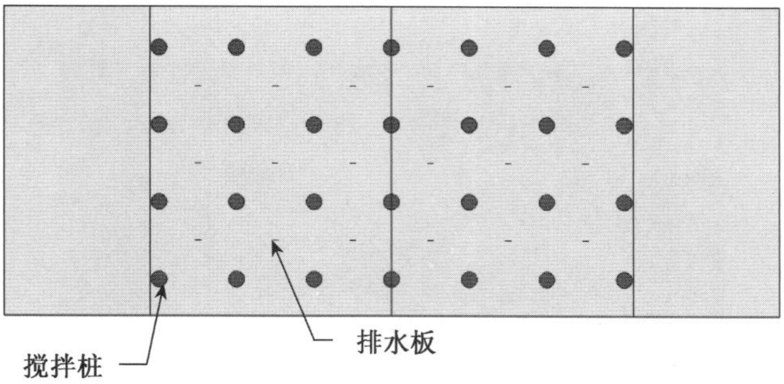

(b) 平面图

长板-短桩工法示意图

3. 加芯水泥土桩复合地基力学及变形特性研究

通过现场测试、离心模型试验和有限元数值模拟以及理论分析综合手段系统深入地研究加芯水泥土桩处理高铁路基加固机理和变形特性，得到不同构造和混凝土芯桩不同截面形式下加芯水泥土桩单桩承载力的受力特点及其差异，获得模拟施工和高频重载运营过程工况下动静荷载作用下的加芯水泥土桩复合地基水泥土桩与桩周土体、水泥土桩及混凝土芯间的受力传递机理和应力-应变变化特征，得到加芯水泥土桩加固高铁路基的加固机理和力学特性，构建加芯水泥土桩复合地基承载力及沉降变形的计算分析表达式，获得高铁路基沉降变形控制技术，为实现其推广应用及优化设计提供可靠的理论依据和技术指导。

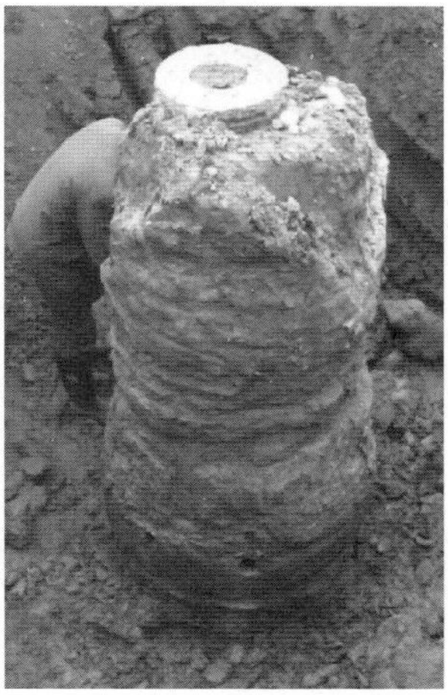

加芯水泥土桩试桩

(a) 路堤成型

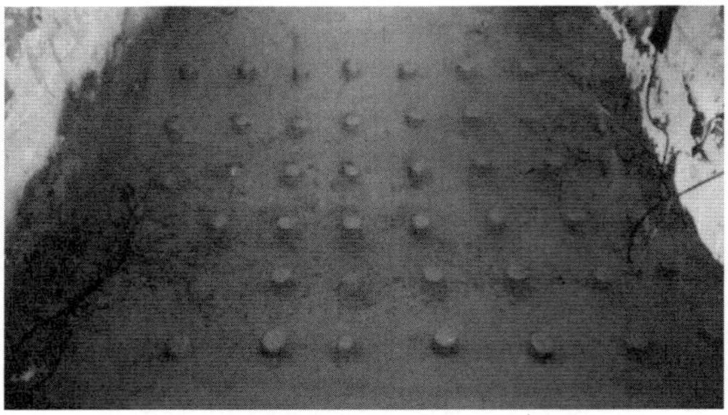

(b) 试验后地基

劲芯桩复合地基离心模型试验

杨卫东

·个人简介·

姓名：杨卫东

出生年月及出生地：1967 年 10 月，浙江省

学历学位：硕士

职称：教授级高级工程师

职务：上海同济科技实业股份有限公司，副总经理、党委副书记、纪委书记

上海同济工程咨询有限公司，董事总经理

上海同济工程项目管理咨询有限公司，董事长

上海天佑工程咨询有限公司，董事长

上海同济市政公路监理咨询有限公司，董事长

上海同济创业创新控股公司，董事

工作单位：上海同济工程咨询有限公司

研究领域：工程咨询、项目管理、工程监理、企业管理咨询

·教育背景·

1985年9月—1989年7月，同济大学地下建筑与工程系，工学学士

1989年9月—1992年3月，同济大学地下建筑与工程系，工学硕士

2006年4月—2008年4月，中欧商学院，EMBA，工商硕士

·工作经历·

2008年7月至今，同济大学经济与管理学院建设管理与房地产系，硕士研究生导师

1992年3月—1995年3月，同济监理公司工程部，项目经理

1995年4月—1999年9月，同济监理公司计划经营部，部门经理

1999年9月—2001年3月，同济监理公司总经理助理、兼任总经办主任

2001年3月—2002年7月，同济监理公司，常务副总经理

2002年8月—2009年4月，同济监理公司，董事总经理

2004年1月—2006年1月，兼任上海天佑工程咨询有限公司总经理

2006年8月至今，上海同济工程咨询有限公司，董事总经理；上海同济工程项目管理咨询有限公司总经理；兼任上海天佑工程咨询有限公司董事长；上海同济市政公路监理咨询有限公司董事长

·学术与社会兼职·

曾任：中国建设监理协会理事、常务理事、副会长。

现任：中国建设监理协会专家委员会副主任；中国建筑学会工程管理分会理事；中国工程咨询行业协会资深专家；住建部监理与项目管理发展战略委员会专家；上海市建设工程咨询行业协会副会长；上海市建设工程咨询行业协会专家委员会主任；上海市工程咨询行业协会项目管理委员会常务副主任；英国皇家特许建造师学会会员；英国皇家特许测量师学会会员；美国成本工程咨询师协会会员；《建设监理》编委、杂志征文评审专家；国家工程监理企

业资质审查评委。

·奖励与重大社会贡献·

【获奖情况】主要获奖4项，其中省部级奖励1项。

【课题项目】主持参与项目17项，其中课题研究10项，科研项目7项。

【学术交流】参加论坛与会议40余次，受邀在会议上做学术报告4次。

【学生培养】从2008年7月担任同济大学经济与管理学院建设管理与房地产系硕士研究生导师至今，共培养硕士研究生37人，其中学历教育硕士17人，非全日制单证20人。

·成果简介·

【发表成果】

近年来在发表期刊与会议论文13篇；编写著作23本，其中主编著作9本；参编规范6本；授权国家专利8项。

【代表性成果】

1. “1+X”模式的全过程咨询理论

我国工程咨询行业是投资体制改革的产物，它为固定资产投资建设提供专业化高层次服务，并伴随我国经济建设的发展而日益壮大，已成为现代服务业的重要组成部分。建设工程咨询是以技术为基础，综合运用多学科知识工程实践经验、现代科学和管理方法，为经济社会发展、投资建设项目决策与实施全过程提供技术性和管理性的智力服务。

“1+X”的“1”是集成项目全过程咨询服务的一个咨询管理链条，指全过程项目管理咨询(须包含实施阶段，可包含决策阶段和运营阶段)，“X”是专项咨询服务内容，如工程咨询、造价咨询、招标代理、设计管理等，根据业主需求和企业能力由市场来选择。

2. 业主方全过程项目管理理论

业主方项目管理是建设单位(业主)对所开发的工程项目进行的管理，包含了从项目策划、设计、施工、验收和使用过程中的所有活动的管理。业主方项目管理服务于业主的利益，是项目管理中最核心的部分，贯穿项目的整个周期，对工程项目能否成功完成具有决定性作用。

业主方项目管理的目标分为主要目标和次要目标。主要目标即工程项目管理的三大目标：投资目标、进度目标、质量目标，这三大目标是业主项目管理的核心。次要目标包括：信息文档管理、沟通协调管理、风险管理、安全管理、合同管理、组织管理等。

业主方工程项目管理的主要任务就是在对工程项目进行可行性研究以及在进行投资建设决策的基础上，对项目相关建设审批、地质勘察、工程设计、项目招标、施工至竣工验收等全过程的相关活动进行计划、协调、监督、控制和总结，通过采用合同管理、组织协调、目标控制、风险管理和信息管理等措施，保证建设工程项目进度、投资、质量目标的协调与统一。

3. 上海同济工程咨询有限公司

上海同济工程咨询有限公司（以下简称“同济咨询”）是同济大学下属企业，也是同济大学近年来着力打造的咨询服务品牌。杨卫东教授作为同济咨询的企业负责人，带领公司员工锐意进取，积极探寻传统业务的转型方式，寻找企业的新增长点，保证公司的业务经营稳步推进。目前同济咨询公司已经形成了“决策咨询”“管理咨询”“技术咨询”“政策咨询”“信息咨询”“法律咨询”六大服务板块，三十多项服务产品。在新业务拓展上，也已初见成效。PPP 项目咨询服务、规划咨询服务、环境工程咨询业务、BIM 技术应用咨询和无人机应用咨询服务都取得了不俗的业绩。

公司典型项目展示

中国商飞(C919)能力建设项目

群天津于家堡金融区

上海迪士尼旅游度假区项目

上海微小卫星工程中心

世贸深坑酒店

舟山新城大桥工程(特大桥)

迪梦温泉小镇

济青高铁红岛站站房及相关工程

蚌埠至五河高速公路工程

济南市轨道交通 R2 线

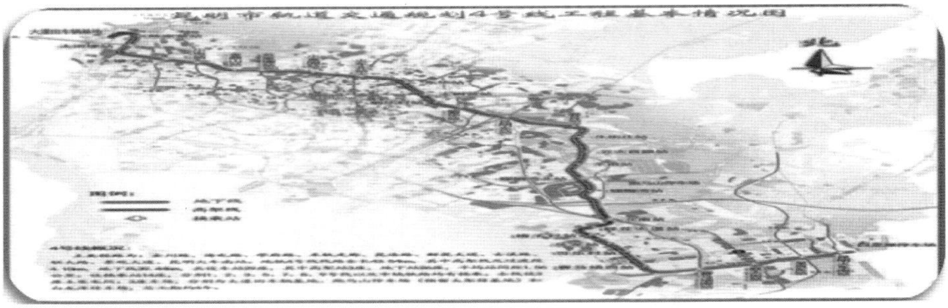

上海、武汉、兰州、深圳、昆明、哈尔滨等 29 个城市轨道交通工程

南外滩滨水岸线综合改造工程

张　捷

·个人简介·

姓名: 张捷

出生年月及出生地: 1970 年 7 月,山西省太原市

学历学位: 博士

职称: 教授

职务: 系主任

工作单位: 汕头大学土木与环境工程系

专业领域: 岩土工程、道路工程、环境工程

主要研究方向: 交通领域的碳固存技术,环境岩土工程,地基处理与土壤修复技术,水系流域治理,岩土工程原位测试技术,工程材料的本构模型与数值模拟,颗粒力学,基础工程设计与分析,路面设计与分析,固体废弃物处理技术与管理。

·教育背景·

1988 年 9 月—1992 年 6 月，同济大学地下建筑与工程系，学士

1992 年 9 月—1995 年 4 月，同济大学地下建筑与工程系，硕士

1997 年 9 月—2005 年 5 月，美国普渡大学土木工程学院，博士

·工作经历·

1995 年 4 月—1997 年 6 月，上海交通大学土木工程与力学学院，讲师

1997 年 9 月—2004 年 5 月，美国普渡大学土木工程学院、数学系，讲师

2005 年 1 月—2011 年 5 月，美国新墨西哥州立大学土木工程系助，理教授

2011 年 8 月—2013 年 12 月，美国阿肯色大学工学院及数学系，访问学者

2013 年 12 月—2018 年 8 月，汕头大学土木与环境工程系，教授

2017 年 5 月，组织并领导汕头大学土木与环境工程系顺利通过国家住建部土木工程专业认证的复评

2016 年 6 月，组织成立汕头大学练江流域综合治理创新中心，并担任中心主任

2015 年 9 月，筹备成立汕头大学土木工程检测中心，并担任中心主任

2015 年 7 月，提议并推动汕头大学原土木工程系更名为土木与环境工程系，便于进一步与国际接轨，拓宽领域

2008 年 9 月，入选重庆市政府“优秀人才库”，并赴美国斯坦福大学，协商与重庆市政府的合作事宜

·学术与社会兼职·

曾任：美国土木工程师学会（ASCE）新墨西哥州南部分会副主席。

现任：国际/北美土工织物学会会员；国际岩土力学计算方法与进展联合会会员；美国高等学校岩土工程教育与科研委员会会员；美国科学院交通研究委员会（TRB），岩土材料的勘察与分类分会（AFP 20）委员。

·奖励与重大社会贡献·

【获奖情况】主要获奖 3 项,其中获国家科技进步三等奖 1 项。

【课题项目】主持参与项目 9 项,担任 6 项课题第一负责人。

【学术交流】多次组织汕头大学与以色列工学院的交流活动,参加“第一届以色列理工学院与汕头大学双边研讨会”。

·成果简介·

【发表成果】

近年来在发表期刊与会议论文 20 余篇;编写著作 2 本,其中外文著作 1 本。

陆 新

· 个人简介 ·

姓名： 陆新

出生年月及出生地： 1959 年 4 月，上海市崇明区

学历学位： 博士

职称： 教授

职务： 室主任、支部书记

原工作单位： 后勤工程学院军事土木工程系

现已经退休在： 上海市杨浦江湾军休中心

专业领域： 土木工程

主要研究方向： 地基处理、边坡工程、地质灾害防治

· 教育背景 ·

1978 年 2 月—1982 年 1 月，同济大学工业与民用建筑专业本科毕业，获

学士学位

1983 年 8 月—1984 年 7 月，同济大学岩土工程专业进修

1986 年 8 月—1988 年 7 月，同济大学岩土工程专业研究生班毕业

1999 年 9 月—2005 年 6 月，后勤工程学院岩土工程专业博士研究生毕业，获博士学位

2006 年 9 月—2007 年 1 月，四川外语学院出国培训部学习

2008 年 3 月—2009 年 3 月，美国弗吉尼亚理工大学访问学者

·工作经历·

1982 年 2 月—1988 年 7 月，在后勤工程学院建筑工程系工作，任助教

1988 年 8 月—1996 年 4 月，在后勤工程学院建筑工程系工作，任讲师、副教授、硕士生导师、室副主任、室党支部副书记

1996 年 5 月—1998 年 12 月，在崇明机场建设指挥部工作，任专家组组长

1998 年 12 月—2013 年 1 月，在后勤工程学院军事土木工程系工作，任副教授、教授，硕士生导师、室主任、室党支部书记

2013 年 1 月至今，退休安置在上海市杨浦江湾军体中心

·学术与社会兼职·

曾任：重庆市岩石力学与工程学会副理事长；中国岩石力学与工程学会理事；重庆市地质灾害防治工程技术研究中心总工程师。

现任：重庆市土木建筑学会岩土工程分会会长；中国地基处理学术委员会委员。

·奖励与重大社会贡献·

主要获奖 9 项，其中省部级以上奖励 3 项，主要获奖情况如下：

(1) “崇明机场软基处理技术研究”项目，1999 年获军队科技进步一等奖，2000 年获国家科技进步二等奖。

(2) “冰川冻土地区营房修建技术研究”项目，1995 年获军队科技进步二等奖，1996 年获国家科技进步三等奖。

(3)“重庆市建筑地基基础设计规范”(DB5 0/5001—1997),1994 获建设部科技进步一等奖。

(4)“冰川冻土地区营房建筑技术规范(YFB 010—2001)”,2003 年获军队科技进步三等奖。

(5)“后方仓库洞库防护工程加固改造技术规程”(GJB 5153—2004)”,2011 年获军队科技进步三等奖。

(6)2008 年被重庆市评为学术技术带头人。

·成果简介·

【发表成果】

近年来在发表期刊与会议论文 17 篇;编写著作 1 本;编写规范 7 本。

【代表性成果】

(1)自 1991 年开始,为解决高原、高海拔冰川冻土地区的营房破损严重的问题,对冰川冻土地区营房修建技术进行系统的研究,在研究期间,数次沿青藏线(格尔木至拉萨)、新藏线(叶城至狮泉河)考察部队兵站、泵站。数次去海拔 3 600 m 以上的高寒、高海拔地区考察、做试验,曾经到海拔 5 000 多米的唐古拉山口、西藏阿里地区的空咔山口考察与试验,克服了严重缺氧、高山反应、生命危险等困难,在冰川冻土地基的测试技术、冻土地基营房的设计、计算及防冻害措施等方面有明显的突破与创新,该项目于 1994 年通过技术鉴定,分别于 1995 年获军队科技进步二等奖,于 1996 年获国家科技进步三等奖。

(2)由于空军崇明机场所建场地是 20 世纪 60 年代围垦起来的,场道工程缺少大量的土方及软土地基的处理是困扰机场建设的两大技术难题。受原南京军区空军的邀请,参加崇明机场建设。在崇明机场建设指挥部工作期间,先后担任软基处理试验领导小组副组长及专家组组长,主要负责机场建设中有关软基处理中技术工作,经过二年多的研究与实践,突破现行规范的规定,采用强夯法处理软土地基,在软土地基上强夯的施工工艺、收锤标准、排水措施等方面有重大创新,该项目于 1998 年通过技术鉴定,该成果分别于 1999 年获军队科技进步一等奖,于 2000 年获国家科技进步二等奖。

林　彤

·个人简介·

姓名：林彤

出生年月及出生地：1964 年 6 月，内蒙古呼和浩特市

学历学位：博士研究生学历，博士学位

职称：教授

工作单位：中国地质大学(武汉)

主要研究方向：软土地基处理、地基基础工程、地质灾害调查及治理等土木工程和地质工程相关专业。

·教育背景·

1982 年 9 月—1986 年 6 月，同济大学地下建筑与工程系工程地质与水文

地质专业学习，获工学学士学位

1988年9月—1991年3月，同济大学地下建筑与工程系工程地质与水文地质专业学习，获工学硕士学位

1996年9月—2000年6月，中国地质大学(武汉)地质工程专业学习，获工学博士学位

2001年5月—2003年3月，武汉大学水利工程博士后流动站工作并出站

·工作经历·

(1) 工作经历

1986年7月—1988年8月，内蒙古建筑学院土木系助教

1991年4月至今，中国地质大学(武汉)工程学院工程地质系与岩土工程系任教

(2) 个人职业发展情况

1992年9月，讲师

1996年12月，原地质矿产部破格提拔为副教授

2004年6月至今，教授

·奖励与重大社会贡献·

【获奖情况】主要获奖9项，省级及以上奖励6项。

【课题项目】主持参与主要科研项目23项，其中主持国家自然科学基金3项，主持国家移民局重点项目1项。

【学生培养】参加了多项国家自然科学基金项目、三峡移民迁建及川气东送管道地质灾害调查和规划等多项科学研究和服务社会的生产工作等，指导硕士研究生50多人。

·成果简介·

【发表成果】

近年来在发表期刊与会议论文40余篇；编写著作3本，其中主编著作2本。

【代表性成果】

1. 土木工程(岩土)专业人才产学研合作培养方案研究与实践

中国地质大学(武汉)在1993年9月首次招收了岩土工程专业的本科生。在培养过程中,根据岩土工程专业特点,借鉴了国内同济大学等其他高校的岩土工程专业培养方案,结合自身的地学优势和工程单位的实际需要,开展了"土木工程(岩土)专业人才产学研合作培养方案研究与实践"的教学研究。经过3年多的研究并取得了优良成绩,设立了"土木工程试验班",首次为本科生设立"导师制",并制定了专门培养方案和课程安排,对传统的本科教学进行了改革和创新。该研究成果2001年获得了国家教学成果二等奖和湖北省教学成果一等。

2. 超高加筋土挡墙的离心模型试验及其在三峡库区移民工程中的应用研究

长江三峡是当今世界上最大的水利枢纽工程,采用"一级开发、一次建成、分期蓄水、连续移民"的建设方案。三峡水库是典型的峡谷河道型水库,地处大巴山褶皱带、川东褶皱带和川鄂湘黔隆起褶皱带三个构造单元的交汇处,境内山高谷深,人口密集、经济活动强度大,水土流失严重,经济社会发展严重滞后,是全国主要贫困地区之一,移民搬迁任务十分艰巨,被国内外人士称为"世界级的难题"。早期的移民搬迁计划是向库水位淹没的山上搬迁。超高加筋土挡墙是该山区道路中采用的新型结构物,本研究项目主要对超高加筋土挡墙进行了离心模拟试验,并进行已经产生破坏的超高加筋土挡墙工程的破坏机理研究,为工程治理提供理论依据。研究成果对三峡工程水库移民方案的制定提供了重要的科学依据,获得了2005年国土资源部科技进步奖一等奖。

3. 川气东送输气管道地质灾害调查评价及防治规划

川气东送工程是国家"十一五"重点工程,管道首站位于川东北普光,自西向东途经四川、重庆、湖北、安徽、江苏、浙江、上海五省两个直辖市,是继西气东输管道之后穿越多省市的又一条高压天然气管道,管径大,管线距离长,于2007年8月31日正式开工建设,2009年10月普光至武汉段投产,2009年12月武汉至上海段投产成功。

该管道全线跨山区、丘陵、平原、沼泽和水网等不同的地貌类型，地形地貌复杂。在川渝—鄂西段的山地地质灾害频发。管道埋深浅、且为薄壳钢管结构、内含高压易燃易爆介质，特别容易受地质灾害的侵袭，防治地质灾害是摆在管道安全管理面前的一项严峻的课题。近年来长输输油气管线经历了地质灾害的严峻考验，出现了危岩坠落砸损管道、滑坡促使管道改线、山洪及泥石流导致管道长距离漂管等事件，地质灾害管理已经成为管道风险管理的一项重要内容。从2010年开始，中国地质大学（武汉）进行了“川气东送（川渝—鄂西段）输气管道地质灾害调查及防治规划”，开展了大量的地质灾害调查研究与防治工作，提供了地质灾害防治规划、地质灾害管理、维抢修预案编制等的基本依据等等，为该管道的安全运行做出了重要保障。

刘建军

·个人简介·

姓名： 刘建军

出生年月及出生地： 1962 年 8 月，上海

学位： 工学硕士

学历学位： 工学硕士

职称： 工程师

工作单位： 自由职业

专业领域： 岩土工程

主要研究方向： 工程地质、地基处理

·教育背景·

1980 年 9 月—1984 年 7 月，同济大学地下建筑与工程系，本科生

1989 年 9 月—1992 年 3 月，同济大学地下建筑与工程系，在职硕士研

究生

·工作经历·

1984 年 7 月—1991 年 1 月,中国船舶工业总公司勘察研究院,技术员

1991 年 2 月—1994 年 3 月,中国船舶工业总公司勘察研究院,工程师

1994 年 4 月至今,自由职业

·成果简介·

参加编制上海市《地基处理技术规范》(DBJ 08-40—94)附录二部分。

留影存珍

地基处理先行者

1984 年，地基处理学术委员会在浙江大学成立，委员会成员于浙江大学图书馆前合影，叶书麟（二排左 2）

1986 年 10 月,上海,第一届全国地基处理学术讨论会合影,叶书麟(二排左 9)

1989 年 7 月,烟台,第二届全国地基处理学术讨论会合影,叶书麟(一排左 3)

1989 年 7 月，烟台，第二届全国地基处理学术讨论会期间留影
汪益基(左 2)、叶书麟(左 3)、涂光祉(左 4)、林彤(右 2)、叶观宝(右 1)

1989 年 7 月，烟台，第二届全国地基处理学术讨论会期间留影
左起：陈仲颐、许帷杨、施履祥、叶政青、叶书麟

1989 年 7 月,烟台,第二届全国地基处理学术讨论会期间留影
叶书麟(左),龚晓南(右)

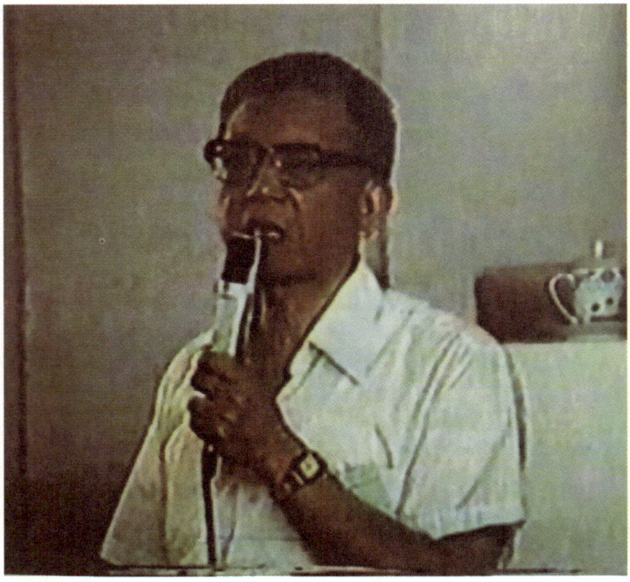

1992 年 6 月,秦皇岛,第三届全国地基处理学术讨论会,叶书麟先生在会上上发言

1995 年 12 月，肇庆，第四届全国地基处理学术讨论会，叶书麟先生在会上上发言

1997 年 10 月，武夷山，第五届全国地基处理学术讨论会，叶书麟先生在会上上发言

1997 年 10 月，武夷山，第五届全国地基处理学术讨论会期间留影
左起：杨敏，邝健政，叶书麟，袁内镇

1997 年 10 月，武夷山，第五届全国地基处理学术讨论会期间留影
叶观宝（左 1），叶书麟（左 3）

1997 年 10 月，武夷山，第五届全国地基处理学术讨论会期间留影
左起：朱象清，叶书麟，褚冬梅

1997 年 10 月，武夷山，第五届全国地基处理学术讨论会期间留影
叶书麟（左 2），黄宏伟（左 3），崔永高（右 3），秦建庆（右 2），叶观宝（右 1）

1988 年，同济大学专家楼召开《建筑地基处理技术规范》(第一版)讨论会
叶书麟(第二排右三)

1988 年，同济大学专家楼召开《建筑地基处理技术规范》(第一版)讨论会
叶书麟(第一排左二)

1989 年 4 月,《桩基工程手册》编写筹备会议在浙江大学召开,叶书麟(第一排左三)

1989 年 12 月,第一次在北京冶金建筑研究院参加编写《建筑地基处理规范》的会议,叶书麟(左 3)

1992 年，浙江千岛湖召开《地基处理手册》（第二版）编委扩大会议合影
左起：王伟堂、龚晓南、叶柏荣、邹敏、杨灿文、张作瑂、冯国栋、周国钧、叶书麟、石振华、彭大用、张永钧、杨鸿贵

1992 年，《地基处理手册》（第二版）编委扩大会议期间为冯国栋先生与杨灿文先生庆祝生日留影
叶书麟（一排右 1）

1992 年,《地基处理手册》(第二版)编委扩大会议期间留影
杨灿文,周镜,叶书麟,卢肇钧,沙祥林

1992 年,《地基处理手册》(第二版)编委扩大会议期间留影
左起:石振华、潘秋元、杨鸿贵、王伟堂、冯国栋、邹敏、龚晓南、彭大用、
叶柏荣、叶书麟、杨灿文

《岩土工程师》编辑部召开全国第一次学术研讨会合影留念(孔清华忆)叶书麟(前排左 7)

1989 年 6 月，烟台，地基处理技术培训班师生合影，叶书麟(一排左 5)

1992 年 5 月，中国工程建设标准化委员会地基处理标准技术委员会成立(张永钧忆)
前排左起：潘秋元、张永钧、罗宇生、叶书麟、杨灿文、王吉望、张咏梅、周国钧、唐业清
后排左起：刘翼熊、杨鸿贵、顾晓鲁、平涌潮、黄强、李云章、倪兴源、曾昭礼

1994 年 10 月,参加相关学术会议
叶书麟(左 3),吴肖茗(左 5),陈仲颐(右 4),卢肇钧(右 3),沙祥林(右 1)

1994 年 10 月,参加相关学术会议
左起:卢肇钧,沙祥林,叶书麟,刘金砺

1994 年 10 月，参加相关学术会议
叶书麟(左 2)，叶观宝(左 1)

1994 年 10 月，参加相关学术会议
叶书麟(右)，叶政清(左)

左起:孔清华,叶书麟,桂业琨

孔清华,叶书麟

1997 年 12 月,宁波,叶书麟教授参加深基坑工程专家评审会留影(孔清华忆)

1997 年 12 月,宁波,孔清华,叶书麟,桂业琨三人参加深基坑工程专家评审会留影(孔清华忆)

无锡，参加学术讨论会期间留影

前排：王吉望、叶书麟、盛崇文、杨灿文、罗宇生、张永钧
后排：周国钧、杨鸿贵、潘秋元、唐业清、朱庆林、平涌潮

彭大用，叶书麟

龚晓南，叶书麟

立德树人好导师

叶书麟教授带学生参加学术活动
左起:叶观宝,汪益基,叶书麟,涂光祉,林彤

叶书麟教授与学生韩杰(左)和张伟(右)在家中(韩杰忆)

叶书麟教授与学生合影(韩杰忆)
左起:叶观宝,韩杰,叶书麟,周洪涛

叶书麟教授带学生在食堂用餐(叶观宝忆)
左起:叶书麟,周洪涛,叶观宝

叶书麟教授组织学生毕业答辩(叶观宝忆)
叶书麟(左图左 1),叶观宝(右图右 1)

叶书麟教授与毕业学生合影(叶观宝忆)
叶书麟(左图右 3,右图右 1),叶观宝(左图左 1,右图左 1)

叶书麟教授带领学生在岱山工地现场留影(周洪涛忆)
左起:韩杰,叶观宝,叶书麟,周洪涛

叶书麟教授(左 4)在上海某机场指导学生进行场道工程地基处理工作(陆新忆)

叶书麟教授(右 2)在上海某机场指导学生进行场道工程地基处理工作(陆新忆)

叶书麟教授(左 2)带领学生在油库工地现场留影(陆新忆)

叶书麟教授(右)与学生陆新(左)在工程现场合影(陆新忆)

伉俪深情共度一生

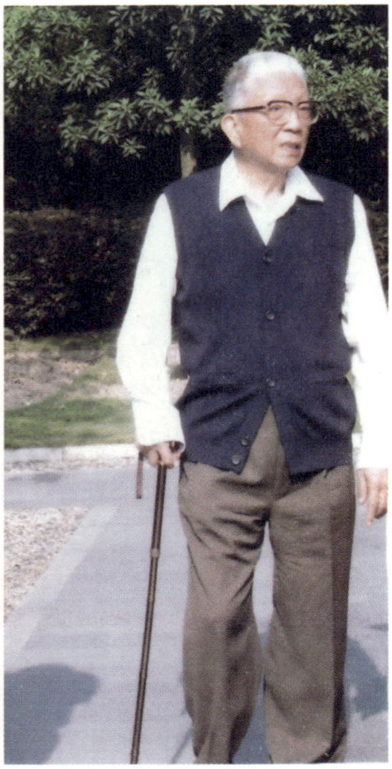

闲庭信步

叶老沙发一撇

2000 年杭州留影照片（胡静娟忆）

快乐相聚好时光

于叶书麟先生家中合影留念
叶书麟(右 1)

叶书麟教授(右 4)与学生在北京相聚合影(丁玉琴忆)

同济百年校庆叶书麟教授(一排右 2)与学生聚会合影(丁玉琴忆)

同济大学预科许鹤鑫老师(左)和叶书麟老师(右)开心叙旧(胡静娟忆)

叶书麟教授(右 2)与学生于同济新村餐厅聚会合影(胡静娟忆)

地基基础专业 65 届毕业五十周年师生聚会合影(胡静娟忆)
叶书麟(一排左 2)

同济大学地质工程专业成立 40 周年合影，叶书麟(一排左 5)

学生相约为叶书麟教授庆贺八十岁寿辰留影

学生相约为叶书麟教授庆贺八十岁寿辰留影

学生相约为叶书麟教授庆贺八十岁寿辰留影

叶书麟教授九十华诞祝寿活动

20世纪八十年代后期，为配合全国岩土工程大体制的建立和调整，当时的国家地质部相关部门启动一线员工培训工作，需要编写相关的教材。遂由地质部科技司牵头，组织邀请了国内地质、岩土工程方面的专家学者20余人进行编撰（这本教材后定名为《岩土工程的勘察设计与施工》，由地质出版社1991年出版），最后请叶书麟教授、熊大阅大师和朱小林教授主审。叶老师的学识、学风，工作态度，人格魅力在这次合作中，再次为同行所折服，此后的十余年间，在这本专著工作中结下深厚情谊的同行们，多次举行聚会交流，叶老师均拨冗参加，相谈甚欢。后来，随着年岁的增长，叶老师因腿脚不方便就很少参与了，但是，每次聚会，朋友们都会惦记着叶老师。若干年后的微信时代，在沪的部分同行组建了"书之缘"朋友群，继续进行沟通交流。2018年，恰逢叶老师九十华诞。春节元宵节过后某日，在沪的群里的部分朋友，和叶老师一起在同济新村餐厅聚会共叙情谊，并为叶老师九十岁生日祝寿，拍摄下珍贵的留影。

地下系退休教工党支部庆祝第34届教师节暨叶书麟教授教书育人座谈会

2018年9月10日教师节，同济大学岩土大楼201会议室，洋溢着一派欢歌笑语的气氛，同济大学土木工程学院地下系退休党支部在这里举行“庆祝第34届教师节暨叶书麟教授教书育人座谈会”。会上，支部向耄耋之年的叶书麟教授献花，并赠送“师魂”荣誉奖章合影留念。赵振寰、陈建峰、丁文其、石振明及各研究所党支部书记莅会，向叶老师及退休教师们致以节日的问候和美好的祝愿！会上，同济大学原副校长赵振寰教授作了题为“我和我的导师”的主旨发言，他深情地说：“叶老先生对我的学习和生活都有着潜移默化的影响，他教授给我的不只是学识，更有许多做人做事的道理……”祝龙根、魏道垛、曹名葆、高大钊、赵锡宏、杨林德、杜坚、钱宇平等8位老同志先后作了感恩叙事：这里有叶老对他们性格的塑造和教导，有叶老对他们生活的关心和帮助，也有叶老对他们学术的指引和启蒙……一句句发自肺腑的话，让我

们感受到大家对叶老的师生之情，更让在座的大家领略到亦师亦友之美。会尾，叶老作了情感叙言，每位同志聆听了他的教诲，都有这样的感受：地下系群体就像一棵生命力旺盛的大树，她今年60华诞了，那挺拔向上、步步增添年轮的躯干，还是那么茁壮，她“扎根大地不离‘土’，培育栋梁参天‘木’。60年来地下系已为国家和社会输送了近万名贤者翘楚。我们的叶老先生就是这棵大树的根，是地下系的根基和立德树人的典范。

地下系党委书记陈建峰教授向叶书麟教授赠送“师魂”荣誉奖章

曹名葆老师向叶书麟教授赠花

叶书麟教授会上赠言

(左)丁文其　(右)叶书麟

(左)叶书麟　(右)高大钊

(左)丁文其　(右)叶书麟

教书育人座谈会

庆祝第34届教师节暨叶书麟教授
教书育人座谈会
中国的好导师——叶书麟
成长于同济 献身于校园 服务于国家

庆祝第34届教师节暨叶书麟教授教书育人座谈会
2018.9.10

叶门桃李

张伟

Glenn L. Parker 教授

Regional
New Delhi
GA-2016
6th Asian Regional

韩杰

第十三届全国地基处理学术讨论会
（中国西安，2014年10月22日-24日）
主办单位：中国土木工程学会土力学及岩土工程分会
地基处理学术委员会
承办单位：长安大

周洪涛

叶观宝

杨卫东

张捷

陆新

林彤

刘建军